JN293151

ネイティブが教える
英語の語法とライティング

デイビッド・セイン
David A. Thayne

English Usage
and Writing
for Advanced Learners

研究社

Copyright © 2011 by AtoZ

ネイティブが教える英語の語法とライティング
English Usage and Writing for Advanced Learners

PRINTED IN JAPAN

はじめに

　多くの日本人は、中学や高校で、みっちり英文法を仕込まれます。そのため、一般的に言って、日本人はそれほど文法を苦手としていない印象があります。しかし、そんな彼らに英文を書いてもらうと、多くの場合、「不自然な」、あるいは「不正確な」英文になってしまいます。

　長年英語を教えてきた経験から、私は日本人の英文の「不自然さ」にはある一定の傾向が存在するということに気がつきました。日本人英語学習者が「文法的には正しいが、不自然な英文」を書いてしまうのは、母語、つまり日本語の表現に無意識に縛られてしまっているからなのです。

　いきなり英語を書くというのはかなり高度なことですから、英文を書く際には、当然、日本語で内容を考えてから、それを英語に訳す人が多いと思います。その際に、最初に頭の中でイメージした日本語の「原文」を意識しすぎてしまうと、思いもよらないような不自然な英文が生まれてしまうことがあるのです。

　これとまったく同じことが、私の日本語学習経験でも起こりました。一時期、私は「シャワーを浴びる」の代わりに「シャワーを取る」という奇妙な日本語を使っていました。話すだけでなく、メールや手紙などでも書いてしまっていたと思います。なんとなく意味は通じるので、周りの日本人もなかなか間違いを指摘してくれませんでした。そのため、かなり長い間使ってしまっていたようです。

　この「シャワーを取る」という間違った日本語が、どうして出てきてしまったか、おわかりですか？　英語では「シャワーを浴びる」を take a shower と表現します。そして、私の頭の中には「take＝取る」という図式が完全にできあがっていたので、「シャワーを取る」という言い方をしてしまっていたのです。

　このように、ある言語における1つの表現（take）が、別の言語の1つの表現（取る）に、「必ず」置き換えられると思ってしまうというのは、言語学習の初段階において万国共通に見られる現象の1つだと思います。このような「思いこみ」を排除して、発想を柔軟にすることがとても大切です。

　本書は私自身が日本語を勉強してきた経験、および数多くの日本人に英語を教えてきた経験を元に生まれました。日本人が特に間違いやすい70項目につ

いて、よく見られる英訳ミスとともに、「ネイティブの直感」(native speaker's intuition) に基づく、自然で「生きた」英語を示してあります。

　英文ライティングは、日本人英語学習者にとっては、最高にむずかしい英語運用技術の1つだと思います。いきなり長い英文を書くのはほんとうに大変ですので、まずは本書で基本的な表現を「文法的に正しく使いこなす」ことを考えていただきたいと思います。目次、そして索引をご覧いただければ、みなさまが求めている英語表現はすぐに見つかるように工夫しました。

　本書を通じて、1人でも多くの学習者の方がネイティブが教える「生きた語法」に触れ、英文ライティングのスキルを大幅に向上されることを願ってやみません。

　末筆ながら、本書刊行にあたって、研究社編集部の金子靖さんには、大変お世話になりました。心より感謝いたします。

平成23年5月24日

ディビッド・セイン

Introduction

Most Japanese in secondary schools have had English grammar drilled into their heads. This gives us the impression that Japanese are generally not that bad at grammar. But when most people write in English, the result is often described as unnatural or inaccurate.

Years of teaching English has taught me that there are certain tendencies to this writing. The reason Japanese write "grammatically correct but unnatural sentences" is because of their native language—they are too committed to Japanese.

Writing directly in English requires a very high level of skill, and so most people first think in Japanese and then translate into English. During this process, too much focus on the original Japanese in your head result in less-than-perfect English.

This same thing happens to me as I learn Japanese. I used to say *shawa wo toru* when speaking Japanese. I think Japanese basically understood what I was trying to say, and so no one pointed out that this was a mistake. As a result, I went on using this for many years. I made this mistake not only when speaking, but also when writing email and letters in Japanese.

Do you know why I would make this mistake? In English, we say *take a shower*. And so in my mind the word *take* was *toru* in Japanese, leading me to make this mistake in Japanese.

The impression that one term can be easily expressed in another language (*take* as *toru*, for example) is a universal phenomenon experienced when first learning a language. This is why it's important to clear away your preconceptions and become more flexible.

This books is based on years of learning Japanese and also teaching English to Japanese. We look at 70 areas where Japanese are prone to make mistakes, while also introducing natural "living English" based on the intuition of native speakers.

For Japanese, writing can be one of the most challenging skills to acquire.

Longer passages can be especially difficult, so I would like the readers to first think about using basic expressions in a grammatically correct way through this book. By making use of the table of contents and the index, you'll be able to find the exact phrase you're looking for.

It's my hope that as many Japanese as possible will be exposed to "living English" and make significant improvements in their writing skills.

And last but not least, I would like to take this opportunity to express my sincere appreciation to Yasushi Kaneko, my editor at Kenkyusha.

May 24, 2011

David A. Thayne

目次
Contents

01 「約」「およそ」「ほぼ」 ……………………………………… **2**
02 「以下」「以上」「未満」 ……………………………………… **7**
03 「積極的に」 ……………………………………………………… **10**
04 「たくさんの」 …………………………………………………… **13**
05 「さまざまな」「いろいろな」 ………………………………… **16**
06 「クレーム」 ……………………………………………………… **19**
07 「満足している」 ………………………………………………… **21**
08 「チャレンジ」 …………………………………………………… **23**
09 「きっかけ」「契機」 …………………………………………… **25**
10 「対処する」 ……………………………………………………… **28**
11 「……まで」「……までに」 …………………………………… **31**
12 「できた」 ………………………………………………………… **33**
13 「内容」「中身」 ………………………………………………… **36**
14 「達成する」「実現させる」 …………………………………… **39**
15 「……後に」 ……………………………………………………… **41**
16 「確実なものにする」「保証する」 …………………………… **43**
17 「確認する」 ……………………………………………………… **47**
18 「企画」 …………………………………………………………… **51**
19 「機会」「チャンス」 …………………………………………… **53**
20 「厳しい」「つらい」「むずかしい」 ………………………… **56**
21 「会社」「企業」 ………………………………………………… **59**

22 「調査する」……64
23 「関係」「関連」……68
24 「把握する」……71
25 「それと」「それに」「……以外に」「……に加えて」……76
26 「ほとんど」「もう少しで」「もうすぐ」……80
27 「厳密に」……83
28 「男／女」……87
29 「(……が) ある」……91
30 「従事する」……96
31 「充実した」……99
32 「望む」「希望する」……103
33 「十分な」「十分に」……108
34 「……なので」……112
35 「とても」……115
36 「反対 (意見)」……120
37 「……に関して (は)」……123
38 「人々」……126
39 「言う」……129
40 「明らかに」……135
41 「出来事」……138
42 「……する必要がある」……140
43 「活動」……144
44 「使う」……146

45「本来（の）」 150
46「仕事」 153
47「異なる」「違う」 158
48「いくつかの」 160
49「全体の」「全部の」 165
50「基本的には」 169
51「事前に」 171
52「……など」 173
53「事件」 178
54「……するべきだ」 183
55「この頃」「現在」 188
56「紹介する」「導入する」 194
57「参加する」 198
58「実績」 201
59「責任」「責任者」 204
60「従業員」「社員」「スタッフ」 208
61「社会」 212
62「早める」「遅らせる」 216
63「量」 220
64「尊敬」 223
65「普及」 226
66「結局」 230
67「……の場合」 233

68「要求」··· **239**

69「経験」··· **243**

70「状況」··· **247**

英語表現索引　252

日本語表現索引　262

語法・文法項目索引　268

ネイティブが教える
英語の語法とライティング

01 ●「約」「およそ」「ほぼ」

「約」や「およそ」などの表現は、数字を「あいまい」な形、つまり「概算」を示す場合に用いられる。「約」「およそ」に対応する英語の表現としてまず思いつくのは about / around / approximately の3つだと思われるが、これらの表現には意味やニュアンスの違いがあるので注意が必要だ。

まず、about と around の違いを確認してみよう。

「5時頃お会いしましょう」
A. I'll see you at *about* 5:00.
B. I'll see you at *around* 5:00.

AとBの違いがわかるだろうか。about は「大体」と訳されることが多いが、特に時間に関しては「……以下」「……より少し前」というニュアンスが強い。よって、Aは「**5時少し前ぐらいに会いましょう**」という意味になるのである。たとえば It's about 7:00. と言えば、「7時ぐらいです」よりも「**もう少しで7時です**」がより近い訳となる。つまり、about は almost に近いニュアンスなのである。もちろん、統計や科学など「正確な数字」が重要な場合には不向きな単語と言える。

これに対して、Bの around は「**……頃**」という意味である。「前なのか、それともあとなのか」は判断ができない。そのため、以下のような会話が成立する。

A: I'll see you at *around* 5:00.
「5時**頃**お会いしましょう」
B: Do you mean before 5:00 or after 5:00?
「5時より前ですか、それとも5時よりあとですか？」

approximately は、around とほぼ同じ意味を持っていると考えてよい。しかし、around が口語的なニュアンスを持っているのに対し、approximately は

フォーマルな響きがあり、「正確さ」が感じられるため、**ビジネスや学術文書では around よりも好まれる**ことが多い。

- ○ The temperature needs to be kept at *around* 100 centigrade.
  「温度は 100 度**ぐらい**にしておかなければならない」
- ○ The temperature needs to be kept at *approximately* 100 centigrade.
  「温度は**約** 100 度に維持されなければならない」

なお、実は approximately / around / about のような言葉は、基本的に避けるのがベストである（ただし、慎重になる場合がある時は、こうした表現を使っても構わない）。特に数字が大きく「概算の数字」であることが明確である場合には絶対に避けるべきである。

「宇宙には**約** 3000 億**もの**星が存在している」
- △ There are *about* 300-billion stars in the universe.
- ○ There are 300-billion stars in the universe.

「わが社の昨年の売上は**約** 4 億円である」
- △ Our sales last year were *about* 400-million yen.
- ○ Our sales last year were 400-million yen.

「国中から 1 万人の人たちがマラソンに参加した」
- △ *About* 10,000 people from around the country participated in the marathon.
- △ *Approximately* 10,000 people from around the country participated in the marathon.
- ○ Ten-thousand people from around the country participated in the marathon.

ただし、上記の例文でも「1 万人**を越える**」という意味にする場合には、

○ *Over* 10,000 people from around the country participated in the marathon.
○ *More than* 10,000 people from around the country participated in the marathon.

のように、「……以上」という意味の over や more than を用いて「概算」であることを示すことはまったく自然である（→ cf. P.7「……以上」）。

また、ネイティブは不定冠詞の a / an を使って「約」の意味を出すことがある。以下の例文で確認してみよう。

「本を 100 冊買った」
A. I bought *one* hundred books.
B. I bought *a* hundred books.

A は**「100 冊きっかり」**というニュアンスなのに対し、B のほうが「100 冊ぐらい」というニュアンスになる。不定冠詞の持つ「約」というニュアンスのため、たとえば以下のように「きっかりした数字」を述べる場合には不定冠詞を用いることはあまりない。

「1,234」
○ *one* thousand, two hundred (and) thirty-four
△ *a* thousand, two hundred (and) thirty-four

about / around / approximately のニュアンスの違いについて、例文を通じて「ネイティブの感覚」に迫ってみよう。

「ねじが 500 個**ほど**必要です」
○ We need *approximately* 500 screws.（感覚としては 495〜505 個）
○ We need *about* 500 screws.（490〜500 個）
○ We need *around* 500 screws.（480〜520 個）
*We need *somewhere around* 500 screws. と言うと、さらに「あいまい」「おおざっぱ」な感じになる。

「約」「およそ」「ほぼ」

「弊社は 10 人**ほど**の社員を新たに雇い入れる予定です」
- ○ We're planning to hire *around* 10 new employees.（8〜11 人）
- ○ We're planning to hire *about* 10 new employees.（8〜10 人）
- △ We're planning to hire *approximately* 10 new employees.
  * 募集人員が 1,000 人以上であれば approximately も使えるが、わずか 10 人程度に approximately を使うのは「大げさ」な感じになってしまう。approximately は小さな数字には使わないことを覚えておこう。

「12 時間**も**会議が続いた」
- ○ The meeting was *around* 12 hours long.（11〜13 時間）
- ○ The meeting was *about* 12 hours long.（10〜12 時間）
- △ The meeting was *approximately* 12 hours long.
  * この場合も、それほど長い時間ではないため、approximately を使うのはやや不自然。また、会議が「12 時間ぴったり続いた」と考えるのは不自然なので、The meeting was 12 hours long. でも OK である。

「**およそ** 100 人の看護師が派遣された」
- ○ *Around* 100 nurses were dispatched.（90 人〜110 人）
- ○ *Approximately* 100 nurses were dispatched.（98 人〜102 人）
- △ *About* 100 nurses were dispatched.（95 人〜99 人）
  * わざわざ「100 人には満たなかった」と限定する必要がない場合に about を使うのは不自然。

最後に、about / around / approximately 以外の「約」「およそ」を意味するさまざまな英語表現をチェックしておこう。

「工場建設には 300 日**近く**かかるでしょう」
- ○ It'll take *close to* 300 days to build a factory.
  * 「以上」の場合は含めない。つまり、about とほぼ同じニュアンス。

「5万ドル**強の**お金が必要です」
○ We need *a little over* $50,000.

「5万ドル**弱の**お金が必要です」
○ We need *a little under* $50,000.

「この件に関して50冊**ほどの**本を読みました」
○ I read *some* 50 books on this topic.
  * この some は「……も」(=as many as) というニュアンスを含むこともある。

「そちらに着くには**大体**5時間かかるでしょう」
○ It'll take *roughly* five hours to get there.

「東京の人口は**およそ**1300万人です」
○ The population of Tokyo is *something like* 13 million.

「このプロジェクトを終えるには3週間**ほど**必要です」
○ I need three weeks *or so* to finish this project.

「これは**およそ**5時間程度かかるプロジェクトです」
○ This is a five-hour project, *more or less*.

「彼が到着するのに**ほぼ**15時間かかりました」
○ It took him *nearly* 15 hours to get here.

「ABC社は**およそ**4000万円を投資しました」
○ ABC invested *in the neighborhood of* 40-million yen.
  *nearly とほぼ同じニュアンス。nearly もそうだが、本来は「距離」を表わすものが転用されている。

「15分程度前後するかもしれませんが、3時**頃には**そちらに着きます」

○ I'll arrive there at 3:00, *give or take* 15 minutes.

「締め切りまで**ほぼ**3週間あります」
○ We have *almost* three weeks before the deadline.
　*「3週間は切っている」という意味であることに注意しておこう。

02 ●「以下」「以上」「未満」

　日本語においては、「以下」「以上」「未満」の使い分けがかなり厳密に成されている印象がある。たとえば「100以下」は「100」を含み、「100未満」は「100を含まない、99以下」のことであるということを、ほとんどの人が正しく理解していると思われる。

　これに対して、英語のネイティブスピーカーたちは、「以下」「未満」といった「数学的」表現を正しく使い分けることがあまり得意ではないようだ。「……より大きい／……より小さい」を言い表わす際には、英語では **lower than...** / **higher than...** / **less than...** / **more than...** といった表現が用いられる。

　たとえば、以下のような指示があった場合、それぞれ「何度」に設定するのが正しいだろうか。

　　A. The air-conditioner needs to be set *higher than* 27 degrees.
　　B. The air-conditioner needs to be set *lower than* 27 degrees.

　Aは「エアコンは27度より高く設定しなければならない」、そしてBは「エアコンは27度より低く設定しなければならない」(つまり、「27度**未満**」)ということ。そのため、どちらの場合も「27度」は除外されなければならないが、「27を含むのかどうか」の判断で迷ってしまうネイティブも意外に多い。

　そのような不要な混乱を避けるためには、それぞれ、以下のような言い方を用いるのが適切である。

A. The air-conditioner needs to be set at 26 degrees *or lower*.
B. The air-conditioner needs to be set at 26 degrees *or higher*.

26 degrees or lower は「26 度あるいはそれより低い」、26 degrees or higher は「26 度あるいはそれより高い」ということであり、直感的に大変わかりやすい表現になっている。このように、「以上」「以下」を使いこなすには、接続詞の **or** が決め手となる。

なお、数学的に「以上」を表わす場合にも、**greater than or equal to 30**「30 以上」のように or を使う。単なる **greater than 30 では「30 自体は含まれない」**ということに、くれぐれも気をつけておきたい。

また、以下のように or ではなく and を使って、「……自体を含む」という意味を出すこともできる。

○ Children 12 *and older* may attend.
「12 歳**以上**の子供が参加できます」
○ Children 11 *and under* are not allowed to attend.
「11 歳**以下**の子供は参加できません」

その他の「以下」「以上」「未満」の表現を見てみよう。

「日本における 100 歳**を超える**老人の数はとても多い」
A. The number of people *older than* 100 in Japan is unusually large.
B. Japan has a lot of people *over* 100.
C. Japan has a large number of *centenarians*.
 * 厳密に「100 歳以上」と表現したい場合には 100 or above のように言わなければならないことに注意。centenarian は「100 歳以上の人」という意味なので、本当は A/B と C は意味が異なる（C は「100 歳ちょうどの人」も含む）が、ネイティブはそこまで厳密に区別することはしない。

「8 歳**未満／以下**のお子さんは入場できません」

A. Children *younger than* eight are not allowed in.
B. Children eight *or younger* are not allowed in.
Aは「8歳」を含まないので「未満」、Bは「8歳」を含むので「以下」。

「資格要件は22歳**以上**であることです」
○ Only people 22 *or older* are eligible.

「参加者が20名**以上**でしたら、団体扱いとなります」
○ Discounts are available for groups of 20 *or more*.
△ Parties of *more than* 20 people are eligible for a group discount.
 * parties of *more than* 20 peopleでは、本来は「20人ちょうど」は含めない。が、現実的には20 or moreと同じニュアンスで使われることがほとんど。

「当方に提出する研究論文は100枚**以内**とします」
○ Research papers should be 100 pages *or less*.
○ Research papers should be *no longer than* 100 pages.
○ Research papers *over* 100 pages will not be accepted.

「水温は0度**以下**に設定してください」
○ Set the water temperature at 0℃ *maximum*.
○ The water temperature should be set at *no higher than* 0 degrees.
 *maximumは「最大で(も)」(≒ at the highest)。

「水温は0度**以上**に設定してください」
○ Set the water temperature at 0℃ *minimum*.
○ The water temperature should be set at *no lower than* 0 degrees.
 *minimumは「最低で(も)」(≒ at the lowest)。

「6人**以上**の人がチェックをすることが必要です。」
○ *At least* six people need to check this file.
○ Six *or more* people need to check this file.
　*at least は「少なくとも」という意味で、「……以上」という意味を内包する便利な表現である。

03 ●「積極的に」

　日本語で「ポジティブ」というと「前向きな」「積極的な」という、「プラスイメージ」の言葉としてとらえられがちである。そのため、「積極的に」の訳語として positively を使ってしまう人が非常に多い。しかし、英語の positively と、日本語の「積極的に」のニュアンスには大きな違いがある。例文で見てみよう。

　A. He *positively* worked on the project.
　B. We are *positively* trying to protect the environment.

　一見すると、それぞれ「彼は積極的にプロジェクトにとり組んだ」「弊社は環境保護に積極的にとり組んでおります」という意味だと思ってしまうかもしれないが、これらの positively は「確かに」「絶対に」というニュアンスである。そのため、これは日本語では、

　A.「彼がプロジェクトにとり組んだことは**間違いない**」
　B.「私たちは**確かに**環境保護にとり組んでいます」

という意味である。ネイティブが positively / positive を使う場合、以下のような形で用いることがほとんどである。

　　「配送品は、明日**間違いなく**届くはずです」

○ I'm *positively* sure that the delivery will arrive tomorrow.
○ I'm *positive* that the delivery will arrive tomorrow.

「次の仕事が**ちゃんと**見つかるまでは、辞めてはダメだよ」
○ Don't quit until you're *positively* sure that you have another job.
○ Don't quit until you're *positive* that you have another job.

「**確実**ではありませんが、その書類はなくなってしまったんだと思いますね」
○ I'm not *positively* sure, but I think the document was lost.
○ I'm not *positive*, but I think the document was lost.

　positively sure は「はっきりと確信している」という意味であり、positive を使って書き換えることが可能だ。
　なお、「私はポジティブです」というつもりで、

　　I'm *positive*.

と言ってしまうと「私は陽性です」、たとえば I'm positive for the AIDS virus.「エイズウイルス陽性です」という、大変な意味にとらえられてしまう可能性があるので注意しておきたい。「私はポジティブです」と言いたければ、

　　○ I'm *a positive thinker*.

のように「**ポジティブに考える人**」だと言い換えるか、あるいは、

　　○ I'm *an optimist*.

のように「**楽天家**」という意味の optimist を使うのが適切である。
　それでは、「積極的」という日本語を適切な英語にするにはどのような表現を用いるのがいいのだろうか。具体的な例を見てみよう。

「弊社は環境保護に**積極的にとり組んで**います」
○ We are *working hard* to protect the environment.

「英語上達のために**積極的に勉強している**」
○ I'm *working hard* to improve my English.

「よい仕事を見つけたいなら、**積極的に動かなくちゃね**」
○ You need to *work hard* to find a good job.

以上のように、まずは使い勝手のいい work hard を用いる手がある。もう1つのやり方は、「積極的に」を「一生懸命に」「最善を尽くして」と再解釈して、

「弊社は環境保護に**積極的にとり組んで**います」→「環境保護に**最善を尽くして**います」
○ We are *doing our best* to protect the environment.

のように do one's best を使うというもの。伝える意味はほぼ同じである。また、副詞を用いるなら、

「弊社は環境保護に**積極的にとり組んで**います」→「環境を保護するために**活発に活動して**います」
○ We are *actively* working to protect the environment.

のように actively を使うのがいいだろう。

　最後に1つ注意しておきたいことがある。それは、動詞の try である。「前向き」な印象を出したい場合に、日本人はたとえば、

△ We are actively *trying to* protect the environment.

のように try to を用いる傾向がある。しかし、try to は「……しようとしているけれど、できない」というニュアンスである。つまり、上の We are actively trying to protect the environment. は、実は、

We are actively *trying to* protect the environment, but it's not easy.
「環境を保護**しようとしている**が、無理だ」

という意味になってしまうのである。前向きなイメージを込めたい場合は、try は避けるのが無難であると言える。

04 ●「たくさんの」

「たくさんの」「多くの」という意味を持つ英語の表現の代表と言えば、many と a lot of が想起されるだろう。これら2つの表現が「まったく同じである」と勘違いしている日本人は、意外なほどたくさんいるようだ。
　many は主に否定文と疑問文で、そして a lot of のほうは肯定文で使われるのである。

　　「彼女には遊び友だちが**あまり**いない」
　○ She doesn't have *many* friends to play with.
　△ She doesn't have *a lot of* friends to play with.

　　「駅には人は**たくさん**いましたか？」
　○ Were there *many* people at the station?
　△ Were there *a lot of* people at the station?

　　「彼女は**たくさん**本を持っている」
　○ She has *a lot of* books.
　△ She has *many* books.

ただし、主語になる場合には、肯定文であっても many を使って構わない。

「**多くの**人が、彼のことを有名な画家として知っている」
○ *Many* people know him as a famous painter.
○ *A lot of* people know him as a famous painter.

「肯定文では many はあまり使わない」という一般的傾向は、ぜひとも押さえておこう。つまり、肯定文で、主語以外の場所に「多くの……」「たくさんの……」という表現を用いたい場合は、表現を工夫する必要があるのだ。いろいろな「多くの……」「たくさんの……」という表現のニュアンスの違いを見てみよう。

〈a number of...〉
○ I read *a number of* books on this topic.
「このトピックに関する本は**ずいぶん**読んだ」
○ We need to buy *a number of* desks.
「**かなりの**数の机を購入しなければならない」
○ The company has *a number of* factories.
「その会社には**たくさんの**工場がある」
*「知的」な響きがあるので、ビジネスでも使いやすい。この a number of... は、an appropriate number of... からの省略であると考えられる。a large number of... と言うこともできる。

〈lots of...〉
○ We have *lots of* projects going now.
「我が社では**多くの**プロジェクトが進行している」
○ There are *lots of* reasons for saying no.
「断る理由は**たくさん**ある」
*lots of... も「多くの」という意味でネイティブが使う頻度の高い言い回しであるが、これは口語的表現。文章に書くのであれば a lot of... を使うべき。

〈numerous〉
○ I have talked to him *numerous* times.

「彼とはもう**何度も**話をした」
- This part has *numerous* defects.
「この部品には**たくさんの**欠陥がある」
- They have offices in *numerous* cities across America.
「その会社はアメリカ中に**多くの**事務所がある」
* numerous にも、どことなく「知的」なニュアンスがある。

〈plenty of...〉
- We have *plenty of* printers already.
「もうプリンターは**十分に**ある」
- I've called him *plenty of* times already.
「もう彼には**何度も**電話している」
*plenty of... には「これ以上は入れない」「もう十分である」というニュアンスが含まれることがある。たとえば、I've had plenty. と言えば、「もうおなかいっぱいです（もう食べられません）」という意味になる。

〈a good〉
- We spent *a good* two hours on the project.
「プロジェクトには**まるまる**2時間使った」
- He has *a good* $400 for travel expenses.
「彼は旅費に**ゆうに**400ドルは使う」
- We spent *a good* two weeks in China.
「私たちは中国で**まるまる**2週間を過ごした」
* この good は「よい」ではなく、「半分以上の」「かなりの」または「満々」「まるまる」「まだ」の意味。

なお、不可算名詞の場合は、〈a good XXX of...〉という言い方を用いることがある。

- *A good portion of* the water was wasted.
「**かなりの**水がムダになった」
- I spent *a good part of* the money on advertising.

「広告に**かなりの**お金を使ってしまった」

05 ●「さまざまな」「いろいろな」

　日本語の「さまざまな」や「いろいろな」に対応する言葉は various である。日本語の「さまざまな」「いろいろな」は、比較的多用される傾向があると思われるが、英語の various は「**多用は推奨されない**」言葉である。
　次の英文を見てみよう。

　　△ Microcomputers are used in *various* home appliances.
　　　「マイクロコンピュータは、**さまざまな**家庭電化製品に使われている」

　various は単に「**種類が1つや2つではなく、それ以上ある**」という意味にすぎないので、種類がたくさんあるのかどうかはわからない。そのため、場合によっては、読み手をイラつかせてしまったり、「手を抜いている」ような印象を与えてしまうことがあるのだ。そのため、思い切って various を省いてしまうことも検討すべきである。

　　○ Microcomputers are used in home appliances.
　　　「マイクロコンピュータは家庭電化製品に使われている」

　「たくさんある」ということを強調したいのでなければ、various をわざわざ使う必要はない。なお、マイクロコンピュータは「すべての家電製品で使われているわけではない」ので、より正確を期した記述が必要であれば、

　　○ Microcomputers are used in *almost all* home appliances.

のようにすればよい。

「さまざまな」「いろいろな」

「いろいろな」「さまざまな」をうまく英語にするにはどうしたらいいだろうか。実際の例文で考えてみよう。

　「わが社は、**さまざまな**製品を出しています」
　△ We have *various* products.

こんなふうに書いてしまうと、まるで「うちの会社の製品の数は、わからないけど、まあ3つ以上はありますよ……」とでも言っているかのように聞こえてしまう可能性があり、「自社製品のこともわからないのか！」などと思われてしまうかもしれない。これを避けるには、

　○ We have *all kinds of* products.

のように言うのがベストである。文字どおり「すべての種類」という意味にはならず、大げさに聞こえることはないので、安心して用いてよい。
　また、以下の英文の組み合わせでは、variousがあってもなくても、意味はほとんど変わらない。

　「このコンピュータは**さまざまな**色で売り出されている」
　○ This computer comes in *various* colors.
　○ This computer comes in colors.

　「私は**さまざまな**教科書から世界市場を勉強した」
　○ I studied global marketing from *various* textbooks.
　○ I studied global marketing from textbooks.

意味が変わらないということは、情報として意味がないということであるから、何か別の表現を入れておいたほうがいい。たとえば、

　○ This computer comes in *eight* colors.
　　「このコンピュータは**8色で**売り出されている」

○ I studied global marketing from *12* textbooks.
「私は**12冊の**教科書を使って世界市場について勉強した」

のように、「具体的な情報」を盛り込んだほうが、読者にとってはよほど有益である。

また、形容詞ではなく、動詞を工夫することによって「さまざまな」という意味を持たせることも可能である。たとえば、

△ My company invests in *various* sectors.
「弊社は**さまざまな**セクターに投資しています」

という文では、これまで見てきたようにvariousがやや不適切である。「さまざまなセクターに投資している」ということは、「投資を多角化させている」ということであるから、

○ My company *diversifies* its investments.
「弊社は投資の**多角化を**図っております」

のように表現することも可能である。要は「発想の転換」が大事だということである。最後にもう1つ、例をあげておく。

△ We have *various* solutions for each client.
「私たちは、それぞれの顧客に合わせて、**さまざまな**ソリューションを用意しています」

○ We *vary* our solutions for each type of client.
「私たちはそれぞれの顧客のためにソリューションを**多様化させて**います」

06 ●「クレーム」

　店や会社に抗議したり、サービスの改善を求めたりすることを、日本語では「クレーム」と呼ぶが、英語の claim にはそのような意味はない。日本語の「クレーム」にいちばん近い英語は complaint「不平」「不満」である。

　　「彼女はクレームがあるようです」
　× She seems to have *a claim*.
　○ She seems to have *a complaint*.

　claim は「……を要求する（当然の）権利」という意味であるから、She seems to have a claim. は「彼女には要求する権利があるようです」という、意味のよくわからない文になってしまう。このように、**カタカナ語**は意外に大きな落とし穴になってしまうことがあるので、十分に気をつけるようにしたい。
　英語の claim の正しい使い方をチェックしておこう。前述のとおり、claim は「要求する権利」のことであり、こんなふうに用いる。

　○ He has no *claim* on this property.
　　「彼にはこの土地の所有を主張する**権利**はない」（所有権はない）

　○ I filed a tax refund *claim*.
　　「私は税還付**請求**を提出した」

動詞の claim は、以下のように「主張する」「要求する」という意味である。

　○ He *claimed* that my decision was unreasonable.
　　「彼は私の判断は不当であると**主張した**」
　○ After my uncle died, my aunt *claimed* all his assets.
　　「叔父の死後、叔母はすべての遺産を**要求した**」

話を「クレーム」にもどそう。「クレームがある」は have a complaint であるが、「クレームをつける」は file / make a complaint である。

○ I'm here to *file a complaint*.
「**クレームがあって**こちらに来ました」

日本語の「クレーム」というと、「一方的な主張」「難癖」というイメージが強いかもしれないが、file / make a complaint は**自分が不満に思っている点を伝える**ということなので、日本語のようなネガティブなニュアンスではない。
なお、日本語のいわゆる「クレーマー」に相当するのは complainer であるが、「常習的な」という意味の chronic をつけたほうがわかりやすい。

○ Some clients are *chronic complainers*.
「クライアントの中には**常習的なクレーマー**もいる」

この chronic complainer は、たとえば、My wife is a chronic complainer.「家内はいつも文句ばかり言っている」のように、単に「いつも不平をこぼしている人」というぐらいの意味にしかならないこともある。
日本語の「クレーマー」という言葉につきものの、ネガティブなニュアンスを正確に伝えるには、

○ He's known as a *terrible complainer*.
「彼は**悪質なクレーマー**として知られている」

のように、適当な形容詞を添えるといいだろう。

07 ●「満足している」

「満足している」を英語にする時は、一般的には be satisfied が用いられる。この be satisfied という表現は誰でも知っていると思うが、意外な落とし穴がある。

「ABC 社の部品には**満足して**います」
× We *are satisfied* with the parts from ABC.
○ We *are fully satisfied* with the parts from ABC.

日本語の「満足している」は、ほぼ100パーセント、肯定的なイメージで用いられている。これに対して英語の be satisfied with... は、場合によっては「ギリギリ満足している」「なんとか満足している」、あるいは「本当は不満がある」というニュアンスをともなうことがあるのだ。そのため、もし肯定的に「満足であること」を告げたいのであれば、fully や highly といった副詞を同時に用いることが必要なのである。

そして、このことは形容詞の satisfactory にもそのまま当てはまる。

「あなたの仕事には**満足して**います」
× Your work is *satisfactory*.
○ Your work is *highly satisfactory*.

satisfactory は「人」ではなく「もの」に対しての「満足度」を表現する形容詞であるが、やはり highly などの副詞をつけないと、**「なんとか我慢できるレベルだ」**という意味にとらえられてしまう可能性がある。

副詞を用いずに、この問題を解決する方法もある。

「品質には**満足して**います」
× We are *satisfied* with the quality.
○ We *couldn't be more satisfied* with the quality.

この couldn't be more satisfied は、「この上なく満足している」というプラスイメージの表現である。

また、以下に示すとおり、「満足」は別に satisfied / satisfactory を使わなくても訳出が可能である。臨機応変に、いろいろな表現を使い分けるようにしたい。

「今回の試作品には**大満足**です」
○ We are *very pleased* with the new prototypes.

「**満足な出来**でしたが、改良の余地はあります」
○ The quality is *okay*, but there's still room for improvement.

「先月の販売額には**ひとまず満足**です」
○ The sales turnover for last month *met our expectations*.

「**これで満足**とせずに、これからもがんばりましょう」
○ Let's work hard and not *rest on our laurels*.

「今のシフトには**満足して**います」
○ I'm *all right* with my current shift.

「顧客に**十分満足してもらう**ことが大切です」
○ It's important to *give* the clients *what they want*.

「上司は、広告キャンペーンの結果には**まあ満足して**くれました」
○ My boss said he *could live with* the results of the ad campaign.

08 ●「チャレンジ」

　日本語の「チャレンジ」は、大変前向きな言葉である。そして、「……にチャレンジしよう」という具合に、何に対しても気軽に用いられるフレーズになっている。しかし、英語の challenge は、それほど単純ではないのである。

〈名詞の challenge〉
　A. This is an exciting *challenge* for us.
　　「これは本当に面白い**挑戦**です」
　　＊スポーツやコンペなどに「挑戦」すること。
　B. It's a *challenge* for me to do cold sales.
　　「飛び込み販売は私には**難問**です（出来ればやりたくない）」
　　＊「難問」「難局」というニュアンス。We face a difficult *challenge*. なら「私たちはむずかしい問題に直面しています」。
　C. Several clients voiced a *challenge* to the new policy.
　　「何人かの顧客が新しい方針に**反対**の声を上げています」
　　＊「反対の気持ち」というニュアンス。

〈動詞の challenge〉
　A. He *challenged* me to double my sales.
　　「彼は私に営業成績を2倍にするよう**促し**ました」
　　＊「気持ちをかき立てる」というニュアンス。
　B. He *challenged* me to a fight.
　　「彼は私に**喧嘩を売って**きました」
　　＊相手を「挑発する」という意味。
　C. He *challenged* my authority.
　　「彼は私の権限に**異議を申し立て**ました」
　　＊「疑う」「反対する」という意味。

　また、形容詞は challenging であるが、こちらは「人に challenge するような」、

つまり「能力を試されているような」、あるいは「**厄介な**」という意味になる。

> We have too many *challenging* problems.
> 「私たちは多くの**厄介な**問題を抱えています」

したがって、「チャレンジする」に安易に challenge をあてないことが非常に大切である。具体例を見てみよう。

> 「夢に**チャレンジ**しないとダメだよ」
> × You need to *challenge* your dreams.
> ○ You need to *try your best to achieve* your dreams.
> 　*challenge のほうは、「夢に反対しないとだめだ」の意になる。

> 「自社製品の輸出に**チャレンジ**してみたい」
> × We want to *challenge* exporting our products.
> ○ We want to *see if we can* export our products.
> 　*challenge のほうは、「輸出に反対したい」ということになってしまう。

> 「**チャレンジする**起業家は社会にとって必要な存在です」
> × *Challenging* entrepreneurs are important for society.
> ○ *Aggressive* entrepreneurs are important for society.
> 　*前述のとおり、形容詞の challenging は「厄介な」。

> 「農業に**チャレンジする**人を応援します」
> × We want to help people who want to *challenge* farming.
> ○ We want to help people who want to *try* farming.
> 　*「農業に反対する人を応援する」という意味になってしまう。

最後に「チャレンジ」のいろいろな訳し方をあげておこう。発想力を働かせて、文脈に合致する表現を作ることが大切だ。

> 「これに**チャレンジする**のはかなりむずかしいと思います」

○ It's not going to be easy to *reach this goal*.

「私はいつも**チャレンジして**いきたい」
○ I always want to *try new things*.

「**チャレンジ**しなければ、後退するだけです」
○ Unless we *attempt new things*, we'll lose ground.

「私の生きがいは**新しいことにチャレンジすること**です」
○ *Finding new things to try* is what makes life worthwhile for me.

09 ●「きっかけ」「契機」

　日本語では「きっかけ」「契機」という言葉が多用される。この「きっかけ」は、意外と訳しにくい表現の１つである。多くの日本人が、「きっかけ」を「理由」ととらえ、because を使って訳しているが、これはうまくいかないことのほうが多い。確かに、「それ以降の変化や流れのもとを作った『理由』」と考えれば、because で訳してもいいのかもしれない。しかし、もっと**シンプルに with や after を使って訳したほうが、原文のニュアンスを忠実に再現できる**のである。具体例を見てみよう。たとえば、

　　「１つのアイデアを**きっかけに**会社を作った」
　△ We started this company *because* we had an idea.

　これではまるで「１つアイデアがあったから会社を興したのであって、もしアイデアがなかったら会社を興さなかった」（≒ If we hadn't had an idea, we wouldn't have started this company.）ということになってしまう。「きっかけ」には、**そこまで絶対的・積極的なニュアンスはない**と考えるのが一般的である。

そのため、

　　　「すべては１つのアイデア**から**始まった」
　　　○ It all started *with* one idea.

のように訳したほうがいい。なお、この It all started with... は「ことの起こりは……」という意味の一種の決まり文句 (cliché) である。なお、このクリーシェは all 以外に、下のように always を用いる場合もある。

　　　「大革新の**きっかけはいつだって**、ささいなことです」
　　　○ Big innovations *always start with* small things.

さらに、with を使った処理の例をもう１つ見てみよう。

　　　「弊社は大阪万博を**きっかけに**、急激に成長しました」
　　　△ We grew suddenly *because of* the Osaka Expo.
　　　○ *With* the Osaka Expo, we suddenly grew.

　with the Osaka Expo という言い方にすることで、「大阪万博の時期に」という意味と「大阪万博が行なわれたために」という、２つの意味を同時に含めることができる。こうすることで、いい意味で「あいまい」な文になる。because を使った場合には、「大阪万博がなかったら、成長はなかった」という裏の意味が生まれてしまう。
　with ではなく、after が使える例を紹介しよう。

　　　「ビラを**きっかけに**、ABC 社に電話してみた」
　　　△ I called ABC *because* I saw their leaflet.
　　　○ I called ABC *after* seeing their leaflet.

　I called ABC because I saw their leaflet. では「**ビラをもらったことだけが理由で、電話をした**」という意味になってしまう。「ビラを見て、内容に興味を持ったから電話をした」という原文の意味を表わすには、after を使うとよい。

「きっかけ」「契機」

afterは本来「……したあとで」という意味であるが、「見たあとで電話した」という文字どおりの意味に解釈される可能性はまずありえない。

「お客様からのあるコメントを**きっかけに**、方針を変えました」
△ We changed our policy *because of* a comment from a client.
○ We changed our policy *after* getting a comment from a client.

上の例も、先ほどと同様である。**「コメントがなかったら、方針を変えることはなかった」という意味を含める必要はない**のである。afterを用いれば、「絶対的な理由」ではなく、「きっかけの１つ」であるというニュアンスを込めることができるのだ。

becauseを使わずに「きっかけ」「契機」を適当な英語にするにはどうしたらいいか、例文をとおして確認してみよう。

「社員の一言を**契機**に、会社は大きな変化を遂げました」
○ One little thing an employee said really *changed* the company.

「不況を**契機**に、新しい分野を開拓しました」
○ The recession *drove* us into entering a new field.

「留学が**きっかけ**になり、私は英語が上手になりたいと思いました」
○ Studying overseas *made* me want to become fluent in English.

「テレビのコマーシャルが**きっかけで**、私は御社を受けることに決めました」
○ The television commercial I saw *made* me want to work here.

このように、「**……がきっかけで、〜になる**」というような文の場合、**無生物主語構文**を使うとうまくいく場合が多い。

また、特に「理由」という意味を込める必要がなければ、

「海外への工場移転が**きっかけに**なり、多くの社員が海を渡りました」
○ *When* we moved our factory overseas, a lot of employees went also.

のように、when を使って訳してしまう手もある。
　動詞自体が「……になる」という意味を含む場合、以下のような訳出パターンも考えられる。

「新人歓迎会が**きっかけで**、私は今の上司と知り合いました」
○ I *met* my current supervisor at a party for new employees.

meet には「知り合いに**なる**」という意味があるため、このようなシンプルな文で、「きっかけ」というニュアンスを込めることができるのだ。

10 ●「対処する」

「対処する」を英語にする場合、ついつい cope with... を使ってしまう人が多いようだ。確かに、和英辞書を引くと cope with... が載っているが、cope with... は「問題を解決する」という前向きな言い方ではなく、**「なんとか対処する」**というニュアンスの言葉なのである。

△ We have to *cope with* these difficult problems.
「われわれは、これらの難問に**対処**しなければならない」

また、cope は「**問題がなくなるまで、なんとか我慢する**」というニュアンスになる場合もあるので注意が必要だ。

「対処する」

○ I can't *cope with* this noise.
「この騒音には**我慢**できない」

○ We can't do anything, so we'll just have to *cope*.
「私たちには何もできないから、ただ**我慢**していなければならない」

このように、cope はどちらかというと「**ネガティブなイメージ**」がその根底にあると言ってよい。そのため、前向きなイメージを前面に出したい場合には、cope を使ってはならない。
たとえば、「弊社は環境問題に対処します」という内容を英語で表現する場合、

× We have to *cope with* the environmental problems.

としてしまうと、「(仕方がないので) 環境問題に我慢をしなければならない」ということになってしまう。この場合、cope ではなく、以下のように **deal** を使うのがよい。

○ We have to *deal with* the environmental problems.

deal は dealer「ディーラー」「売買業者」のように「取引する」という意味でも用いられるが、「処理する」「対応する」など、幅広い意味で使うことができる。
なお、deal は cope よりも「積極性」が高いものの、下の例文のように、状況や文脈によっては「**(比較的小さな問題を) 手っとり早くなんとかする**」という意味を持つ場合もある。

○ Please *deal with* that noise.
「その騒音を(手っとり早く)**なんとかして**ください」

というわけで、「大きな問題に対して、前向きに対処する」「複雑な状況を努力して解決に導く」という場合には、「対処する」という日本語にこだわりすぎずに、**原文の文意を十分に考慮して、柔軟な発想で英語表現を使い分けるこ**

とが大切なのである。

　先ほど見た We have to deal with the environmental problems.（弊社は環境問題に対処します）を、もっと積極的な感じにしたいなら、たとえば、

- We are *working* to protect the environment.
「環境保護に**努めて**います」

- We're *taking action* to save the environment.
「環境を守るための**行動を取って**います」

のような「具体的な内容」にするといいだろう。会社案内の文言なら、

- We're *taking concrete steps* to preserve the environment for the future.
「未来のために環境を保全する**具体的な方策を取って**います」

というように、多少「オーバー」な言い方のほうがふさわしいだろう。
　「対処する」という日本語のその他の訳し方を、例文を通じて見てみよう。

「**対処**しなければならない問題が山積みです」
- The number of problems we have to *deal with* is piling up.
- We *have* a lot of problems.
　＊そもそも problem 自体に「対処しなければならない」というニュアンスが含まれているため、このように、思い切って「省略」してしまうことも可能である。

「この問題は別個に**対処する**ように」
- *Handle* this discretely.
　＊handle は「対応する」「取り扱う」ということで、cope with... のように、「我慢してやりすごす」というニュアンスにはならない。

「この件については私の上司が**対処いたし**ます」

○ My boss will *be in charge of* this issue.

「このエラーに**対処する**方法を説明します」
○ I'd like to explain how to *fix* this error.
  *error という目的語を取る動詞として、自然なのは fix である。

「我慢するのではなく、きちんと問題に**対処する**ことが大切です」
○ It's important to *solve* problems instead of enduring them.

「ストレスにはどう**対処したら**いいのでしょうか」
○ What can I *do* to control stress?

「最初にきちんと**対処すれば**、あとはスムーズに運びます」
○ *Take care of* everything at the beginning and things will go smoothly.

11 ●「……まで」「……までに」

　until「……**まで**」と by「……**までに**」の使い分けを間違えてしまうと、大きく意味が異なってしまうので、ぜひとも注意しておきたい。
　たとえば、Let's eat *until* 7:00. は「7時**まで**食べていましょう」ということであり、スタートは今。そして7時になるまでは、たとえもう食べたくないとしても「食べつづける」ということになる。Let's eat *by* 7:00. であれば「7時**までに**食べましょう」ということであり、「7時までに食べはじめる」ことを表わしている。このように使い方を誤ると大きく意味が違ってくる。
　もう1つ、例文を比較してみよう。

　A. My husband will be in Tokyo *by* June 20th.
　B. My husband will be in Tokyo *until* June 20th.

AとBの違いがわかるだろうか。Aは「私の夫は6月20日までには東京にいます」という意味であり、Bは「私の夫は6月20日まで東京にいます」ということ。上の文では「現在、夫は東京にいないが、6月20日までには東京にいる」ということになり、下の文では「現在夫は東京にいて、6月20日まで継続して東京にいる」ということになる。すなわち **until** は「**事態や行動の継続**」を表わし、一方 **by** は「**(時の) ある1時点**」を表わしている。

「3月**まで**ロンドンにいます」
× I'll be staying in London *by* March.
○ I'll be staying in London *until* March.

「このレポートを2時**までに**読んでおきなさい」
× Please read this report *until* 2:00.
○ Please read this report *by* 2:00.
　*until だと、「2時まで読みつづける」ということになってしまう。

「4時**までに**家に帰りなさい」
× Please come home *until* 4:00.
○ Please come home *by* 4:00.

　なお、「……まで」「……までに」は、必ず by / until を用いて訳さなければならないというわけではない。以下に示すように、他の表現を使うことも可能である。

「応募書類は遅くとも6月20日**までに**郵送にてご提出ください」
○ Applications sent *after* June 20 will *not* be accepted.
　*after と not を組み合わせることがポイント。

「今日の午後5時**までに**報告書を書き終えなければなりません」
○ I need to finish this report *before* 5:00.
　* 厳密に言えば before は「……より前に」ということだが、現実には by とほぼ同じ感覚で使われることも多い。

「今日の午後5時**まで**報告書に時間を使って構いません」
○ Just finish your report *anytime before* 5:00.
　*just を使うことによって、語調を和らげ、「5時までに終わらせれば結構ですよ」というニュアンスを込めることができる。

「昨晩9時**までに**このプロジェクトを終えなければなりませんでした」
○ I had to finish this project *by* 9:00 last night.
○ *The deadline* for this project was 9:00 last night.

「16歳**まで**アメリカで暮らしました」
○ I spent my first 16 years in America.
　*first 16 years は「生まれてからの16年間」ということ。

12 ●「できた」

　おそらく、ほとんどの読者が"can = be able to"という「公式」を中学校で覚えさせられたはずだ。確かに、両者が相互交換可能（interchangeable）になる場合も多い。

「私はドイツ語を話**せます**」
○ I *can* speak German.
○ I'm *able to* speak German.

「あなたは速くタイピング**できますか**？」
○ *Can* you type fast?
○ *Are* you *able to* type fast?

　上記のように、「現在の能力」に関して言及する場合には、can / be able to のどちらを使っても構わない。

両者の区別が問題になるのは、「……できた」という過去形の文を作る場合である。次の英文を見てみよう。

　　○ I wish I *could* speak German.

　これは「ドイツ語が話せればいいなあ」という**仮定法**の文である。このように can の過去形は仮定法でも使われるため、過去形の形をしていながら、「……かもしれない」「……でありうる」のような、**現在の**「反実仮想」を表わすことが多いのである。
　次の２文を比較してみよう。

　　A. I *could* finish the report within a week.
　　B. I *was able to* finish the report within a week.

　Ａの could を用いた文は、「レポートを１週間以内に書くことができた」という意味には解釈できない。これは仮定法で、「**レポートを１週間以内に書こうと思えば書けるけど……**」のような意味を表わしている。つまり、「現在」に関する文であることに注意しよう。これに対してＢは、過去において**実際に**「**１週間以内にレポートを書きあげた**」ことを表わしている。
　もう１つ例を見てみよう。

　　A. I *could* ski.
　　B. I *was able to* ski.

　Ａの could を使ったパターンは、**I could ski if I wanted.**「もしやろうと思えば、スキーはできるけど……」という意味になる。Ｂのほうは、そのような「含み」はまったくなく、「私はスキーをすることができた」というストレートな意味になる。
　なお、「文脈」によって明らかな場合は、could も「……できた」という意味になることがある。

　　○ I *could* ski when I was younger, but I can't now.

「若い時はスキーも**できました**が、今はできません」

　上の文では but I can't now という 1 節を付け加えることによって、could が「できた」という意味であることを明確にしている。
　また、特に **1 回だけの**「**過去の行為や事実**」を表わすのであれば、否定形の couldn't は「過去の可能」の意味で問題なく用いることができる。

　　「打ち合わせに**間に合わなかった**」
　　○ I *couldn't* make it to the meeting.
　　○ I *wasn't able to* make it to the meeting.

　というわけで、いくつか「例外」はあるものの、基本的には「過去の可能」の意味で用いる場合には could を避けたほうがよい。しかし、つねに was/were able to のみを用いるというのも味気ないので、「できた」という日本語のその他の訳し方を検討してみよう。
　たとえば、「キャビアを食べることができた」という文を英語にする場合、これまで見てきたように、

　　△ I *could* eat caviar.

はあまりいい文とは言えない。「食べることができた」というのは、つまり「**ようやくありつけた**」という意味であるから、get to do「……するようになる」「……にこぎつける」を用いて、

　　○ I (finally) *got to* eat caviar.

のように訳してもいいかもしれない。
　また、could や was/were able to を思い切って省いてしまうという手もある。

　　○ I *barely* got on the last train.
　　　「**なんとか**終電に間に合うことが**できました**」

35

○ I *finally* finished the report at 8:00 last night.
「昨晩 8 時に**ようやく**報告書を書き終えることが**できました**」

○ I *finally* got to stay at a four-star hotel.
「**やっと** 4 つ星ホテルに泊まることが**できた**」

　上記の例文では、「**今まではできなかったが、ようやく（なんとか）……できた**」というニュアンスを含む副詞を効果的に用いることによって、could や was/were able to を使わずに「……できた」という意味を表わしている。

13 ●「内容」「中身」

　日本語の「内容」を英語にする場合、第一選択は content ではあるが、一言で「内容」と言っても多様な意味がある。たとえば、文書や本の content「内容」と言う時は、**title「タイトル」に対する「中身」**という意味になる。

　　「この本の**内容**はむずかしい」
　　△ The *content* of this book is difficult.
　　○ This book is difficult.

　The content of this book is difficult. は「**タイトルはやさしそうなのに、中身はむずかしい**」という含みを持ってしまう場合がある。そのようなニュアンスを含めたくなければ、わざわざ content を使わずに、2 番目の英文のようにシンプルな形にするのがいいだろう。
　もう 1 つ例を見てみよう。

　　「報告書の**内容**はまだ読んでいない」
　　△ I haven't read the *content* of the report yet.
　　○ I haven't read the report yet.

「内容」「中身」

なぜ、I haven't read the content of the report yet. が、あまりよくない文だと判断されるのだろうか。前述のとおり content は title との対照で用いられるため、この文は「**タイトル（だけ）は読んだが、内容はまだ読んでいない**」という意味になってしまうからである。

また、「内容」と同様、「**中身**」という日本語も content を使って訳されることが多いが、この場合にも注意が必要である。
たとえば、「箱の**中身**を取り出してください」という文を英語にする場合、

△ Remove the *content* of the box.

としてしまうと、かなり**まわりくどい**印象を与えてしまうだろう。それよりも、「中身を取り出す」→「空にする」ということから、

○ Empty the box.
○ Take everything out of the box.

などとするのが適切である。
つまり、「中身」「内容」といった日本語は、英語にする際は省いてしまうか、別の表現を用いたほうがいいのである。

「彼のプレゼンテーションの**内容**はむずかしかった」
△ The *content* of his presentation was difficult.
○ His presentation was difficult.

「彼の講演の**内容**は現代経済に関する考察だった」
△ The *content* of his lecture was on his inquiry into contemporary economics.
○ His lecture was on his inquiry into contemporary economics.
◎ His lecture was about contemporary economics.

「会議録の**内容**は金曜日までにまとめておきます」
△ I'll summarize the *content* of the meeting by Friday.

○ I'll summarize the meeting minutes by Friday.

「**内容**について説明させていただきます」
△ I'd like to explain the *content*.
○ I'd like to give you a *summary*.
○ Here's a summary.

　上で見た summary 以外にも、「内容」「中身」を表わす表現は存在する。以下に示すような「代用」表現を用いて訳したほうがいいだろう。

「新しいキャンペーンの**内容（詳細）**はまだ明らかになっていません」
○ The *details* of the new campaign are yet to be revealed.

「彼のプレゼンの**内容（骨子）**は大変明確でした」
○ The *gist* of his presentation was very clear.

「その文献の**内容（本文）**が理解できません」
○ I don't understand the *text* of the documentation.

さらに、「内容」を使った慣用的表現も、ついでに見ておこう。

「彼の論文は**内容がない**」
○ His paper *lacks substance*.

「**内容のない**話を聞いているのは退屈だった」
○ I got tired of listening to his *meaningless* speech.

「彼の**内容の濃い**話から、得るものは多かった」
○ There was much to gain from his *in-depth* speech.

「彼は胃の**内容物**を吐き出した」
○ He threw up *what was in* his stomach.

「彼女は**内容証明郵便**で解雇を告げられた」
○ She was dismissed by *certified mail*.
　* 正式には contents certified mail であるが、一般的には certified mail が用いられる。

14 ●「達成する」「実現させる」

　日本語の「(目標を) 達成する／実現させる」という表現は日常会話でもビジネスの場でも非常によく用いられている。日本人にとって「達成する」「実現させる」に対応する英語は achieve や realize のようだが、もし 100 人のアメリカ人に realize の意味を尋ねたとしよう。彼らのほぼすべてが**「気づく」**であると答えるはずである。

　○ I didn't *realize* there was a spider on my head.
　　「頭の上にクモがいることに気づかなかった」

　しかし、これがイギリス人になると話は少し違ってくる。多くのイギリス人は realize を「達成する」という意味だと思っている。このように、realize がネイティブを悩ます種になりうることは明らかなので、**realize ではなく、誤解なくいつでも使える achieve を使ったほうが無難**である。
　たとえば、こんな文があったとする。

　We *realized* 10-percent growth.

　この文は「10 パーセントの成長に気づいた」「10 パーセントの成長を達成した」の両方の意味に取れてしまうため、聞いた相手は迷ってしまうことになる。そのため、

　○ We *achieved* 10-percent growth.

「10 パーセントの成長を**達成した**」

という文を使ったほうがいい。
　もう１つ例をあげよう。

　　△ We *realized* a high level of quality.
　　　「私たちは高いレベルの品質に**気づいた**」「高いレベルの品質を**達成した**」

　　○ We *achieved* a high level of quality.
　　　「高いレベルの品質を**達成した**」

なお、「気づいた」という意味の文を作りたければ、

　　○ We *realized* our quality was high.
　　　「私たちは品質が高いことに**気づいた**」

のように、realize のあとに節をつづければ誤解の生じるおそれはなくなる。
　なお、achieve を使わずに「達成する」「実現させる」という文を作りたければ、以下のような他の表現を用いることもできる。状況に応じて、いろいろな表現を使い分けるようにしよう。

　　「目標を**達成する**のが私たちの使命である」
　　○ Our mission is to *reach* our goals.
　　◎ We have to *reach* our goals.

　　「TOEIC テストで 800 点以上取るという目標を**達成できた**」
　　○ I *accomplished* my goal of getting 800 on the TOEIC.

　　「課長は、ビルの貢献によって、目標が**達成できた**ということに気がつかなかった」
　　○ The section chief didn't recognize Bill's contribution to *meet-*

ing our target.

「わが社は上半期20パーセント増の売上目標を**達成した**」
○ We *attained* our goal of increasing sales by 20% in the first half of the year.

「有人宇宙飛行を**達成した**のは誰でしょう？」
○ Who was the first human to *make* a manned space flight?
*make は非常に使い勝手のよい動詞である。この場合、「……を成功させる」というニュアンスになる。

「去年の売上、利益ともに、過去最高を**達成した**」
○ Both sales and profits last year *were* at record highs.
*このように、シンプルなbe動詞を使って英語にできることも覚えておきたい。

15 ●「……後に」

「2時間後にもどります」と上司に帰社時間を報告する時、あなたは何と言うだろうか？「2時間後」だから I'll be back *after* two hours. と考えるだろうか？ 実はこれは間違いである。

afterとは「……後に」「……のあとに」という意味の前置詞であるが、これは**「過去あるいは未来のある時点に起点を置き、そこからあとを表わす」**という意味である。すなわち、after two hours とは、要するに「2時間後」のことなのである。2時間10分後かもしれないし2時間半後かもしれない。

これに対して起点が現在であり、「**今から……後に**」「**今から……経てば**」という意味を表わす時は **in** を用いる。「2時間後にもどる」のであれば I'll be back *in* two hours. となる。

例文で、afterとinの違いをもう少し見てみよう。

「1週間**後に**彼からメールが来た」
× He mailed me *in* a week.
○ He mailed me *after* a week.

上の例では、彼と過去の時点で何か関わりがあり、その**過去のある時点が起点になってその1週間後にメールが来た**ということなのでafterを使うのが正しい。
下の例も同様である。

「彼は2年**後に**日本にもどりました」
× He came back to Japan *in* two years.
○ He came back to Japan *after* two years.

「過去のある時点から、さらに2年経ってからもどった」ということなので、afterを使わなければならない。
これに対して、以下の例では、

「娘は3か月**後に**大学を卒業します」
× My daughter will graduate from college *after* three months.
○ My daughter will graduate from college *in* three months.

「**現在**」を起点に考えるので、inを使うのが正しい。
なお、アメリカ英語の場合、口語ではinを「……以内に」という意味で用いることも多い。

「2週間**以内に**報告書を書き終えてください」
○ You have to finish the report *in* two weeks.

しかし、「〜以内に」の意味を明確にしたい時は次のようにwithinを用いたほうが誤解を避けることができる。しかし、カジュアルな会話であれば、inを使ってもOKである。

○ You have to finish the report *within* two weeks.

　after / in 以外の表現を用いて、「後に」「後で」の意味を表わすパターンを見ておこう。

「ニューヨークに着いた**あとで**、必ず連絡を入れてください」
○ Be sure to contact me *when* you arrive in New York.
　*「時間的ズレ」が重要でなければ、このように when を使って訳しても構わない。

「報告書を書き終え**たら**、帰ってもいいですよ」
○ You can leave *whenever* you're finished with your report.
　*「終わった後ならいつでも」という意味を whenever と be finished を組み合わせることによって表わしている。

「今年**も**、5年**後も**、10年**後も**、利益を出しつづけるにはどうしたらいいでしょうか」
○ How can we make a profit this year, as well as five and ten years *down the road*?

「会社の設立**後に**必要な届出などの各種手続きについて紹介しています」
○ Here are the things you need to do *once* your company has been established.

16 ●「確実なものにする」「保証する」

　日本語の「確実なものにする」「保証する」に対応する英語として思い浮かぶのは **assure** / **ensure** / **insure** であるが、これらの単語の基本的意味は、い

いずれも to make sure / to make certain of... である。

「慎重な計画を立てれば、成功が**確かなものになる**だろう」
Careful planning will *assure* our success.
Careful planning will *ensure* our success.
Careful planning will *insure* our success.

しかし、3つはまったく同一というわけではもちろんなく、用法やニュアンスに大きな違いがある。ネイティブでさえもこれら3語を混同してしまうことが多いので、その違いや意味をきちんとおさえておくことが必要である。
まず assure は「……についての疑念を払しょくする」「人の心を静める／ホッとさせる」というニュアンスが根底にある。また、assure はこれら3つの動詞の中で唯一、**人を直接目的語とする動詞**である。

「部品は必ず今日到着することを**請け合います**」
○ I *assure* you that the parts will arrive today.

「彼は、部品は必ず今日到着することを**保証しました**」
○ He *assured* us that the parts would arrive today.

ensure および insure は人を目的語に取ることはできないので注意しよう。

「彼にその株は安全であると**安心させた**」
× I *ensured* him that the stock was safe.
× I *insured* him that the stock was safe.
○ I *assured* him that the stock was safe.

次に、ensure を見てみよう。ensure は、構文的には**「保証する対象」を直接に目的語として取る**。assure が**「口頭での請負」**であるのとは対照的に、ensure は**「保証するという行為」**そのものを意味する。

「この契約を獲得すればわが社の成功が保証されるだろう」（この契約

を獲得することはわが社の成功を**保証する**）
○ Getting this contract will *ensure* our success.

「彼女の慎重な計画でわれわれの安全が**保証された**」
○ Her careful planning *ensured* our safety.

「パイロットの素早い判断で飛行機の安全が**確保された**」
○ The pilot's quick decision *ensured* the safety of the plane.
× The pilot's quick decision *assured* the safety of the plane.
＊assure は原則的に「人」を直接目的語に取るので、2番目の文は正しくない。

insure は、insurance という言葉でもおなじみのように、「保険の条項（規定）」や「保険適応」に言及する動詞でもある。

「車に**保険をかけなければ**ならない」
○ I need to get my car *insured*.

「わが社の工場は、地震に見舞われた時に**保険が支払われた**」
○ Our factory was *insured* when the earthquake hit.

「わが社は飛行機に**保険をかけた**」
○ My company *insured* the plane.
× My company *assured* the plane.
× My company *ensured* the plane.

なお、イギリス英語では、いつ起こるか、あるいは起こるかどうかもわからない車の保険や火災保険とは反対に、必ず支払われることが保証されている生命保険に言及する時は insure の代わりに assure が使われる。

「最長で20年間の**生命保険に加入**できます」
○ You can *assure* your life for up to 20 years.〈イギリス英語のみ〉

ちなみに、「心付け」としてウエイターなどに渡す tip「チップ」は、to insure politeness「礼儀正しいサービスを保証するため（のもの）」の頭字語であると、マナーについての本などにはよく書かれている。

最後に、「保証する」を insure / assure / ensure 以外の表現を使って英語にする例も確認しておこう。

「隣人の家ではボヤがあったが、全額保険で**保証された**」
○ My neighbor's house had a little fire, but it *was* fully *covered*.
*be covered は be covered by insurance の省略。

「明日までにレポートが終わるか**保証**はできません」
○ I can't *promise* you that the report will be finished tomorrow.

「この企画が社長に了承されるかは**保証**できない」
○ There's no *guarantee* that the president will okay our proposal.

「私の忠告を無視するなら、命の**保証**はありませんよ」
○ *Ignore* my advice and I can't *promise* you you'll live.
○ *Ignore* my advice and you're putting your life at risk.
*〈命令文＋ and...〉で「……すれば〜になるぞ」という「脅し」を表わしている。

「すべての注文品を本日発送することを**保証します**」
○ I *give you my word* that your order will be shipped today.
*give you my word の word は「約束」。

「私の保険の**保証期間**は今月いっぱいです」
○ My *coverage* lasts until the end of this month.
*coverage は insurance coverage の省略。coverage だけでも通じる。

「わが社の製品には必ず**保証書**をおつけします」
○ All our products come with a *guarantee*.

17 ●「確認する」

　特にビジネスシーンにおいて「確認する」という日本語が多用されているが、これを英語に訳すのは、意外にむずかしい。英語の感覚からすると、「確認する」には**「何かを見てそれが正常であるかどうか調べる」**というケースと、**「何かを見て正常かどうか確認し、もし正常でなければ正常にする」**というケースに分けて考えなければならないからである。
　前者の場合 **check** を使い、後者の場合は **make sure** を用いるというのが一般的である。さっそく例文で確認してみよう。

「出発日を**確認して**ください」
× *Make sure* the departure date.
○ *Check* the departure date.

　上記の例文は「出発日がいつかを確かめる」「出発日を調べる」ということなので、check を使うのが正しい。しかし、このようなケースでも make sure を使ってしまう日本人が意外に多いようだ。make sure を使ったほうの文は「出発日を確定的なものにしてください」というニュアンスで、ネイティブには非常に不自然に聞こえてしまう。
　make sure を使う場合は、下の例文のように、

○ *Make sure* the departure date is tomorrow.

「出発日が明日かどうか**調べて**ください（明日であるはずなので、もしそうなっていなかったら対処してください）」という意味にする場合である。
　次の例を検討してみよう。

「小包が送られたかどうか**確認して**ください」
○ *Check* to see if the package has been sent.
○ *Make sure* the package has been sent.

　この場合はどちらの文もありうるが、意味が大きく違うことに留意しておこう。check を使ったほうは「ただ確認するだけ」で OK であるが、make sure の場合はそうはいかない。こちらは**「小包が送られたかどうか確認してください。もし送られていない場合は送ってください」**という意味なのである。
　もう1つ例をあげよう。

「彼がコンピュータを持っているかどうか**確認して**ください」
○ *Check* if he has a computer.
○ *Make sure* he has a computer.

　先ほどと同様、make sure のほうは**「もし持っていない場合は手配してください」**という意味が込められている。
　confirm にも「確認する」という意味があるが、使う場合には少し注意が必要である。

「上司に**確認**します」
× I'll *confirm* with my boss.
○ I'll *check* with my boss.

「旅行会社に**確認**します」
× I'll *confirm* with the travel agency.
× I'll *confirm* the travel agency.
○ I'll *check* with the travel agency.

　confirm は「何を確認するのか」を明示する必要があるので、**「誰かに確認を取る」**と言いたい場合には用いることができない。check は〈check with 人〉という形を取ることが可能である。

「金額についてはボスに**確認**します」
- I'll *confirm* the amount with my boss.
- I'll *check* with my boss about the amount.

「クライアントにいつなのか**確認**します」
- I'll *confirm* when with the client.
- I'll *check* with the client about when.

　confirm を用いる場合は、上で示したように「何を確認するのか」を目的語の形できちんと示すことが必要になる。
　ちなみに make sure は、うしろに to 不定詞が続く場合「**忘れないように……する**」という意味になる（be sure も同様）。通例、命令文の形で用いる。

「小包を送るのを**忘れないでください**」
- *Make sure to* send the package.
- *Be sure to* send the package.

「彼にコンピュータの手配をするのを**忘れないでください**」
- *Make sure to* get him a computer.
- *Be sure to* get him a computer.

　訳自体は同じであるが、make sure to... には「圧力」のニュアンスがあるので、実際には be sure to... のほうがより使われている。
　また、相手に少しだけ強く念を押したい場合には、you を入れることも可能である。

「小包を送るのを**忘れないでください**」
- *Make sure you* send the package.
- *Be sure you* send the package.

「彼にコンピュータの手配をするのを**忘れないでください**」
- *Make sure you* get him a computer.

○ *Be sure you* get him a computer.

同様に、「you 以外の人に……させるのを忘れないように」と言いたい場合は、以下のように主語を入れる。

「メアリーに小包を送らせるのを**忘れない**でください」
○ *Make sure* Mary sends the package.

「エスターに彼のコンピュータを手配させるのを**忘れないように**してください」
○ *Be sure* Esther gets him a computer.

さて、最後に「確認する」のバリエーションを見ておこう。make sure 以外にも、いろいろな訳語を用いることができる。

「契約書に間違いがないか、ジェーンに**再度確認して**もらってください」
○ Get Jane to *double-check* that there are no mistakes in the contract.
　*double-check は文字どおり「二重にチェックする」が原義。

「契約内容を上司に**確認**します」
○ I'll *check on* the contract with my supervisor.

「すみません。私の**確認**ミスです」
○ I apologize for not *verifying* that.
　*verify は「検証して、正しいことを確かめる」というニュアンス。

「私が ABC 社に振り込み額を**確認**しました。」
○ I *verified* the deposit amount with ABC.

「プレゼンの資料がすべて整って**いるか**、ビルに**確認してください**」
○ *Ask* Bill *if* he has all the presentation material ready.

＊「聞いて真偽を確認する」というニュアンス。

18 ●「企画」

　日本語の「企画」に対応する英語は project / plan / proposal であるが、この3つの名詞はそれぞれの異なった意味を持っている。
　たとえば「企画書を作ってください」と頼まれた場合、企画書を作っただけではまだ「仕事になっていない」ので、proposal を使うべきである。つまり、**その企画書が了承されるまでは「proposal にすぎない」**のである。そして OK がでたら、それは proposal から project に変わる。
　plan はどちらかというと「あいまい」なイメージであるため、幅広く使える。具体化した計画、つまり project という意味でも使えるし、また、proposal に近い、単なる「漠然とした思い」に対しても使うことができる。しかし plan は、明確な日時が決まっている時に使うのが無難である。

　「社長に**企画書**を提出しなければならない」
　× We need to submit a *project* to the president.
　○ We need to submit a *proposal* to the president.

　「私たちの**企画書**が了承された」
　○ Our *plan* was accepted.
　○ Our *project* was accepted.
　◎ Our *proposal* was accepted.
　　＊企画書を「了承する」は accept であるが、accept にいちばんマッチするのは proposal である。Our project was accepted. は Our proposal for our project was accepted. の略である。

　「私たちは**企画書**を作らなければならない」
　△ We need to make a *project*.

○ We need to make a *proposal*.
*make a project は、たとえば、I made a project for my staff to work on when they didn't have anything else to do.「スタッフに何もすることがない時、とり組めるようにプロジェクトを計画した」のような使われ方になる。

なお「企画書を作る」は、

「今週中に企画書を３つ作らなければならない」
○ I have to do three *proposals* this week.

のように、make ではなく do を使って言い表わすこともできる。
まとめとして「企画」を使った例文をいくつか見ておこう。

「この**企画の実行**に要する期間は３か月程度だろう」
○ This *project* takes about three months.

「**企画の段階**ですでに、不可能であることがわかった」
○ We realized it wasn't feasible in the *planning stage*.

「企画ができた時点ですぐに**プロジェクトチーム**が結成された」
○ A *project team* was formed upon *completion of the plan*.

「**企画リーダー**がすべての責任を負っている」
○ The *project leader* has full responsibility.

「**企画書作り**に２週間かかった」
○ The *proposal* took two weeks.

19 ●「機会」「チャンス」

　日本語では「機会」と「チャンス」の区別をそれほど意識しなくても特に問題はない。しかし、英語ではopportunity と chance は異なった使われ方をする場合がある。
　opportunity は「**自分が yes か no を選べる**」というイメージである。たとえば、I have an opportunity to go to Hawaii. であれば、「自分が yes と言えばハワイに行ける」ということになる。これに対して、I have a chance to go to Hawaii. であれば、「うまく行けば（たとえば、宝くじにあたったら）ハワイに行ける」ということになる。つまり、chance は「**ラッキーな場合**」と考えればよい。
　さっそく例文で比較してみよう。

　　　「ここで働く**機会**をいただきありがとうございます」
　△ Thank you for this *chance* to work here.
　○ Thank you for this *opportunity* to work here.

　なぜ chance よりも opportunity のほうがいいのだろうか。opportunity は、「**提供してもらった機会を自分の意思で選んだ**」という前向きな響きになる。これに対して、chance を使うと、「**働きつづけられるかわからない。運がよければ働きつづけられる**」というニュアンスになってしまうからである。
　では、次の例はどうだろうか？

　　　「どうしてその**チャンス**を断ったの？」
　× Why did you turn down that *chance*?
　○ Why did you turn down that *opportunity*?

　なぜ chance を使えないのか、あなたにはわかるだろうか。本質的に「**自分の意思とは関係のない**」chance を「断る」というのは不自然だからである。「YES か NO の選択を許される『チャンス』」とは opportunity である。

下の例文も同じことが言える。

「どんな**機会も**、私は断りません」
△ I say yes to every *chance*.
○ I say yes to every *opportunity*.

こちらの意志で「YES」と応じることができるのは opportunity である。もう1つ見てみよう。

「彼は私に彼の会社に投資することを望んでいる。とてもよい**機会**だ」
○ He wants me to invest in his company. It's a good *opportunity*.
○ He wants me to invest in his company. It's a good *chance*.

この場合は、どちらを使うこともできるが、ニュアンスの違いが生じてくる。opportunity の場合は「確実な投資」というニュアンスになり、chance の場合は「投機的」なニュアンスがある。

「宝くじにあたる**ワンチャンス**がある」
△ I have one *opportunity* to win the lottery.
○ I have one *chance* to win the lottery.

なお、chance には「機会」「チャンス」以外に「**可能性**」という意味がある。たとえば、We have a 60 percent chance of rain. と言えば、「60％の可能性で雨が降ります（降水確率は60パーセントです）」という意味になる。

○ There's a good *chance* he'll die.
　「彼が死ぬ**可能性**は高い」
　*good chance は「よい可能性」ではなく「可能性が高い」である。

○ His *chances* of survival are poor.
　「彼が生きられる**可能性**は乏しい」

○ There's a small *chance* he'll die.
「彼が死ぬ**可能性**は低い」

○ There's no *chance* he'll win.
「彼が勝つ**チャンス**はない」

なお、「機会」「チャンス」を英語にする場合は、chance / opportunity 以外の表現を使うことも検討すべきである。いくつか例をあげておこう。

「上司の**おかげで**、ニューヨークに行く**チャンスが**あります」
○ *Thanks to* my boss, I get to go to New York.
 *thanks to を使うことで「上司がチャンスをくれた」というニュアンスを込められる。

「もし企画が通れば、プロジェクトチームで働く**チャンスに**なります」
○ If the proposal is okayed, I *might get to be* on the project team.
 *「チャンスになる」を「結果として……になるかもしれない」とパラフレーズして訳出したパターン。

「残念ですが、彼が昇進する**チャンス**はほとんどありません」
○ There's not much *hope* that he'll be promoted.
 *「チャンス」≒ hope「望み」。not much hope は unfortunately に近いニュアンス。

「逆境を**チャンス**に変えよう」
○ Think about adversity as *possibility*.
 *possibility は本来「可能性」であるが、これも「チャンス」に近いニュアンスを持った単語である。

「秘書として働く**機会に恵まれました**」
○ I *was blessed with* a job as a secretary.

＊「……という幸運を得る」というニュアンス。

「エジプトに行く**チャンスがあったらなあ**」
○ I wish I could go to Egypt.
 ＊仮定法を使ったパターン。

「このような機会を与えていただき光栄です」
○ Thank you for this *honor*.
 ＊honor は「自分にはもったいないような機会」というニュアンスで使われるため、このように opportunity と同じように使える場合がある。

20 ●「厳しい」「つらい」「むずかしい」

「厳しい」の訳語として、真っ先に severe を思い浮かべる人も多いだろう。それは間違いではないが、実は severe が使える範囲はそれほど広くはない。
　たとえば、下の例文のように、

「彼女は**厳しい**先生です」
△ She is a *severe* teacher.
○ She is a *strict* teacher.

「人」に対して severe を用いるのは不自然である。この場合、「厳しい」は「厳格な」という意味なので、strict を用いるのがいいだろう。
　また「厳しい」「つらい」「むずかしい」を意味する形容詞はたくさん存在するが、それぞれの用法の違いには十分注意することが必要だ。

・ 人に対して → a *strict* person「厳しい人」
・ 試験に対して → a *hard/difficult* test「むずかしい試験」

- 日程に対して → a *hard/tight/busy* schedule「厳しいスケジュール」
- 訓練に対して → *hard/rigorous/strict* training「つらいトレーニング」
- 状況に対して → *hard/harsh* conditions「厳しい条件」
  *hard conditions には「受け入れがたい条件」というニュアンスもある。
- 法律に対して → *strict* rules, *tight* restrictions「厳格な法律」
  * なお、strict restrictions / tight rules というコロケーションは不自然である。hard を用いる場合は hard rules *to follow* のように言うことが多い。
- 批判に対して → *hard/severe* criticism「辛辣な批判」
- 表情に対して → a *stern* look「険しい表情」
  * a hard look は「よく調べる、よく見る」という意味になる。また、hard looking は「醜い（あまり見たくない顔などの人）」という意味。
- 温度に対して → *intense* heat「厳しい暑さ」「異常な高熱」
  * hard heat とは言えない。

　ネイティブはこのように、さまざまな「厳しい」「つらい」「むずかしい」を使い分けている。**もっとも無難でマルチに使われるのは hard** である。上の表にあるように一部の例外もあるものの、たいていの場合、hard を使えば間違いなく意味が伝わる。

　冒頭で触れた severe を、ネイティブはニュース英語で使われる表現ととらえていて、実は**あまり日常会話で使われることはない**。severe を使うと、やや堅苦しいイメージになってしまうので、ほかの表現を使ったほうがよい。

	severe を使う場合	普通の言い方
「ひどい嵐」	a severe storm	a bad storm
「厳罰」	a severe punishment	a hard punishment
「ひどい頭痛」	a severe headache	a bad headache
「深刻な教師不足」	a severe teacher shortage	a bad teacher shortage

severe は基本的に叙述用法で使われることはあまりない。ほとんどの場合、限定用法で用いられる。

「今日は**厳しい**天気です」
× The weather is *severe* today.
○ We're having *severe* weather today.

日本語で「厳しいなあ」という気持ちを「シビアだ」などと言ったりするが、やはり英語としては不自然である。

「それは**シビア**だろうね」
× That will be *severe*.
○ That will be *hard*.

上記のように、severe ではなく hard を使うことを推奨したい。
hard や severe 以外に「厳しい」の訳語としてあてられるものを、いくつか取り上げておきたい。

「私たちの会社の規則はとても**厳しい**」
○ Our company rules are too *rigid*.
　*hard / strict でも OK。

「合格基準はとても**厳しい**」
○ The qualifying criteria is very *restrictive*.
　* hard / strict でも OK。

「**厳しい**罰が犯罪を抑制するとは限らない」
○ *Stringent* punishment may not end crime.
　*hard / strict でも OK。

「**厳しい**生活環境の中で彼らはがんばっている」
○ They're doing their best in these *terrible* living conditions.

*hard / harsh / severe でも OK。

「締め切りに間に合わせるのはかなり**厳しい**」
○ Meeting the deadline isn't going to be *easy*.
 *...is going to be hard. でも OK。なお、この ...isn't going to be easy. は単純に「簡単ではない」というより、「かなり厳しい」というニュアンスのほうが強い。

「商品化するには**厳しい**条件をクリアしなければならない」
○ We have to clear *tough* conditions to get it in the stores.
 *strict でも OK。

「今日は**厳しい冷え込み**だ」
○ Today is *frigid*.
 *frigid は「寒さが厳しい」という意味の形容詞。The cold is severe. でも OK。

21 ●「会社」「企業」

「会社」「企業」に対応する英語には、company / enterprise / firm / agency などがある。これらの表現は、ただ漫然と用いられているわけではなくきちんとした使い分けのルールが存在する。

company は規模や内容といったニュアンスを含まないため、いろいろなイメージの制約を受けることなく無難に使える中立的な表現である。そのため、漠然と「会社」という単語が用いられている場合、company を用いるのが適切である。

「昨年は多くの**会社**が破産した」
○ A lot of *companies* went bankrupt last year.

「**会社**を持っているが、登記されていない」
○ I have a *company*, but it's not registered.

なお、company limited は「株式会社」ではあるが、個人経営の partnership「共同経営会社」も含むので、イメージとしてはそれほど**大規模なものではない**。corporation はファミリー企業を含まない**大きい規模の会社**というイメージがある。

また、enterprise は「**大企業**」のことである。そのため、

「その**会社**の従業員は2人だ」
× The *enterprise* has two employees.

という文はかなり奇妙である。やはり、

「その**会社（企業）**の従業員は20000人だ」
○ The *enterprise* has 20,000 employees.

のように、enterprise を使う場合には一定程度の規模が必要である。

「ABC 社は世界中ほとんどの国にオフィスがあるグローバルな**会社**である」
○ ABC is a global *enterprise* with offices in almost every country of the world.
○ ABC is a global *company* with offices in almost every country of the world.
○ ABC is a global *corporation* with offices in almost every country of the world.

上の例のように、「グローバルな会社」について言及する場合は、大きい規模の会社を表わす enterprise / corporation、中立的な company のいずれを用いることも可能である。

firm は主に「**専門家の組織・集団**」を指す時に使われる。たとえば law

firm（弁護士事務所、法律事務所），medical firm（医療会社）のように用いる。

あまりなじみがない言葉に、practice がある。これは会社でもあるが、どちらかと言えば、「**開業場所**」といったイメージだ。たとえば law practice（弁護士事務所、法律事務所）とか、medical practice（医療機関）といった形で用いられる。

「彼女は自分の弁護士**事務所**を持っている」
○ She has her own law *practice*.
*law firm よりも規模が小さいイメージがある。

「彼の**医院**は順調である」
○ His *medical practice* is doing well.
*medical practice は「開業医」というイメージ。

agency は「**専門家の集団**」や「**ほかの会社の商品を扱う会社**」というイメージが強い。advertisement agency（広告会社），travel agency（旅行会社），model agency（モデル派遣会社），recruitment agency / temp [temporary staff] agency（人材派遣会社），detective agency（探偵会社、興信所）といった表現をよく目にする。アメリカの Central Intelligence Agency すなわち CIA「中央情報局」は、さしずめ「専門家を雇っている機関」ということになるだろう。

最近では「起業」という言葉がよく使われるようになっている。起業は新しい分野で事業を起こすというイメージであり、「創業」とはイメージを異にする。「起業家」は entrepreneur，「起業する」は start a business と表現される。

○ He's an *entrepreneur* in this field.
「彼はこの分野で**起業している**」

○ Young *entrepreneurs* helped boost the economy.
「若い**起業家たち**が景気の上昇に寄与した」

日本語では「自分の会社」を言う時に「わが社」「弊社」といった表現を用

いるのが通例だが、**英語にはour companyのような感覚はあまりない。**

「**わが社**の運営はしっかりしています」
△ *Our company* is in good shape.
○ *We*'re in good shape.

上記のように、**自分の会社について言及する際にはWeを用いるのがもっとも適切**である。なお、他の会社についてもtheir companyより、theyを用いたほうがよい。

Our company is in good shape. は、文脈によっては「会社自体はいいのですが……」のような妙な「含み」をともなってしまう可能性がある。たとえば、Our company is in good shape, but the president is having financial troubles.「会社はしっかりしているが、社長に財政的なトラブルがある」のように、何かと対比しているようなニュアンスが出てしまうからである。

また英語の記事で、The company is planning on expanding.「会社は企業拡大を計画している」と言っても問題はないが、自分が関わるような会社をthe companyと呼んでしまうと、やはり「何かと比較している」ように聞こえてしまう。たとえば、The company is planning on expanding, but the employees aren't interested.（会社のほうは拡大したいが、社員が反対している）といったニュアンスになる。

ちなみに、日常の会話において、「**仕事場**」としての「**会社**」に言及する際には、companyを用いるのはとても不自然である。

「田中は本日**会社**を休んでおります」
× Mr. Tanaka is away from the *company*.
○ Mr. Tanaka is away from the *office*.

「次の日曜日**会社**に行かなければならない」
× I have to go to the *company* on Sunday.
○ I have to go to the *office* on Sunday.

「デイブはただ今不**在**です」

- × Dave is away from the *company* now.
- ○ Dave is away from the *office* now.
- ○ Dave is away now.

上にあげた例文のように、その場合は office を用いるのが適切だ。
「会社」を含むさまざまな日本語を、英語に訳してみよう。

「**わが社**は創業 350 年の歴史がある」
- △ *Our company* was established 350 years ago.
- ○ *We* were established 350 years ago.
    *Our company... の場合、「私たちが持っている会社」、すなわち「私たちが株を所有している会社」という意味にとられるおそれがある。

「まず第一にお客様のことを考えるのが**わが社の社是**です」
- △ *Our company motto* is to put the customer first.
- ○ *Our motto* is the customer first.

「**社の企業理念**を思い出して、もう１度挑戦してみよう」
- △ Let's remember *our company mission statement* and try again.
- ○ Let's recall *our mission statement* and try again.

「**会社の同僚**はみんな**会社人間**です」
- ○ All of my *coworkers* are *workaholics*.
- ○ *Everyone here* is a *workaholic*.
    *「会社の同僚」は co-worker(s) でも構わないが、下の訳例のような言い方を用いたほうがフレンドリーさを出すことができる。また「会社人間」は「仕事中毒」ということで、workaholic(s) で表現できる。

「**自由な社風**が気に入っています」
- ○ I like the *free corporate culture*.
- ○ I like the *easygoing atmosphere*.

＊「職場」のことについて語っていることが明らかであれば、下の訳例のように、corporate を使わなくても通じる。

「**会社が終わったあとの**つき合いも仕事の1つだ」
○ It's part of my job to go drinking with coworkers *after work.*
○ Drinking with coworkers is part of my job.
＊仕事中に飲みに行くことは（普通は）ない。そのため、下の英文は自動的に「会社が終わったあとに同僚と飲みに行くことは……」という意味になるのである。

「**大企業**よりもむしろ、顔が見える小さな**会社**に入りたい」
○ Instead of a large *corporation*, I'd rather work for a small *company* where I can see what's going on.
○ I'd rather work for a small personal *company* than a big *corporation.*
＊company「（小さな）会社」と corporation「大企業」を意識的に使い分けている例。

22 ●「調査する」

「……を調査する」を英語にする場合、conduct an inquiry into... / conduct a survey on... / conduct a study on... といった表現を用いることが多い。「調査」という意味の inquiry / survey / study の、それぞれの**ニュアンスの違い**には、十分気をつけるべきである。
　たとえば conduct an inquiry into... を使って以下の文を作るとする。

「ABC 社の状態を**調査して**います」
○ We're *conducting an inquiry into* ABC.

この場合の conduct an inquiry は日本語にすれば「調査する」であるが、この文のニュアンスは「ABC社には何か怪しいところがあるので、問題を調べている」ということ。すなわち**何か原因があって調べる**」という意味になる。
ほかにも例文をあげてみよう。

「このクレームについては**調査する**必要がある」
○ We need to *conduct an inquiry into* this complaint.

「ABC社は性差別の申し立てについて**調査した**」
○ ABC *conducted an inquiry into* the allegations of sexual discrimination.

上記2つの例文は、どちらも「**なんらかの原因があり、それを特定するために調べる**」という意味になっていることがわかるだろう。
なお、inquiry の動詞形である inquire を単独で用いると、「調べる」ではなく「**尋ねる**」という意味になることに注意しておこう。

「警察は彼のことを**尋ねて**いた」
○ The police were *inquiring* about him.

この場合は警察が尋ねているのは「彼の居所」や「今何をしているか」というようなことで、特に不審なことがあって尋ねているというわけではない。**ask about とほぼ同じ意味**であると考えてよいが、inquire about のほうがフォーマルなイメージになる。
inquiry 以外の「調査」という意味を持つ単語についても検討してみよう。

「ある広告会社が、日本人の好感度について、世界的な**調査を行なっている**」
△ One ad agency is *conducting a* global *inquiry into* Japan's reputation.
○ One ad agency is *conducting a* global *survey on* Japan's reputation.

○ One ad agency is *conducting a* global *study on* Japan's reputation.

　上の例文のように、「**統計的な調査**」を行なう場合には、conduct a survey on... / conduct a study on... を用いたほうが自然。
　ところで、conduct an inquiry into... / conduct a survey on... / conduct a study on... には、ニュース英語のような響きをともなう場合もある。そのため、やや堅すぎる印象を与えてしまう可能性もあるため、**investigate / look into / study** を使ったほうがいい場合もある。

　　「今 ABC 社を**調査している**」
　A. We're *investigating* ABC.
　B. We're *looking into* ABC.
　C. We're *studying* ABC.

　A は「ABC 社にはなんとなく怪しいところがあるので、調べている」、B は「ABC 社とのビジネスチャンスの可能性を調べている」、C は「なんらかの参考になると考えて、ABC 社について調べている」というニュアンスになる。investigate は conduct an inquiry に似たニュアンスを持ち、study は conduct a study on... とほぼ同じと考えてよい。look into... は本来「中をのぞき見る」という意味であるから、「**(興味を持って) 詳しく調べる**」というニュアンスの表現である。

　　「セクハラの申し立てについて**調べる**必要がある」
　A. We need to *study* the allegations of sexual harassment.
　B. We need to *investigate* the allegations of sexual harassment.
　C. We need to *look into* the allegations of sexual harassment.

　B は「申し立てという『原因』があるので、問題を解消するために調べる」というニュアンス。C は**「詳しく調べる」**だが、**「問題を解消するため」であるとは明示されていない**。セクハラの申し立てについての調査は「統計的なも

の」ではないのだから、Aは不適切な文になる。

「ある広告会社が日本の好感度を**調査している**」
A. An ad agency is *investigating* Japan's reputation.
B. An ad agency is *looking into* Japan's reputation.
C. An ad agency is *studying* Japan's reputation.

上記の例の場合は、「統計的調査」であるから、Cがもっとも自然な文である。「原因の特定のために調査する」わけでも「興味を持って詳しく調べる」わけでもないから、AやBはあまり適切な文とは言えない。

それでは、「調査」を含む日本語をいくつか実際に英語にしてみて、ある程度のパターンを把握しておこう。

「ABC社は経理部門に不正な金の流れがあったとして現在**調査中**だ」
○ ABC *is conducting an inquiry into* the illegal flow of money in their accounting department.
○ ABC is *looking into* the illegal flow of money in their accounting department.
＊どちらも正しい文だが、上は「原因の（徹底究明のための）調査」であるのに対し、下は「全容を把握するための調査」というニュアンス。

「彼は7月から会社の**調査部門**に異動になった」
○ He was transferred to *the research department* of the company.
○ He got moved to *the research department*.

「上司はクレーム主がどのような人物であるか、私に**調査を**命じた」
○ My supervisor told me to *investigate* the person who filed the complaint.
○ My supervisor is having me *look into* the complainer.

「その件については、調査と言っても**簡単な背景を調べる**だけで構わな

いよ」
- The investigation into that matter only involves *a simple study of the background*.
- All you have to do is *get some background information*.

「今年は**国勢調査**がある」
- *The national census* is being conducted this year.
- There's *a national census* this year.

「なぜこのプロジェクトチームがいまだにうまく機能していないのか、**調査する**必要がある」
- We need to *figure out* why this project team isn't doing well.
  *figure out は「(調査することによって) 原因を解明する」というニュアンス。

「**調査結果**はただちに私に報告してください」
- Please report to me on *the results of the survey* immediately.
- I need *the survey results* right away.

23 ●「関係」「関連」

「何関係のお仕事をされていますか？」のように、日本語では「……関係の」「……関連の」という表現がしばしば用いられている。これは、対象となるものに「直接」言及することを避けるため、語調を和らげることを目的として用いられている表現である。これをそのまま英語に訳してしまうと、不自然な響きをともなってしまうことがとても多い。

さっそく例文で確認してみよう。

「**IT関連**の記事を読んだ」
△ I read an *IT-related* article.
○ I read an IT article.

日本語の「IT関連」は「IT中心の」、つまり「ITを扱う」という意味になる。これに対して英語の **IT-related** は、「**IT と（それほど近くはないものの）なんらかの関係がある**」という意味になってしまうのである。そのため、不用意に用いてしまうと、あらぬ誤解を招くおそれがあるのだ。-related は用いず、そのまま **IT article** とするのがベストだ。

「彼女は**ファッション関係の**仕事をしている」
○ She has a *fashion-related* job.

上の文は「彼女は直接ファッション関係の仕事をしている」というよりも、ファッション業界に**なんらかのつながりがある仕事をしている**という意味である。このように、英語の -related は日本語の「関連」よりも**「ぼやかす度合い」が強い**ので気をつけよう。

なお、英語で related をよく用いるのは、「親戚関係」について言及する場合である。たとえば、

○ They're related.

は「その２人は親戚だ」という意味で用いられている。
「関連」「関係」について、もう少し掘り下げてみよう。以下の３つの英文のニュアンスの違いについて考えてみてほしい。

「このメソッドは、ドラッカーの理論に**関連している**」
A. This method is *related to* Drucker's theory.
B. This method is *closely related to* Drucker's theory.
C. This method is *based on* Drucker's theory.

まず A だが、単なる related to... は、前述のとおり「なんらかの関わりがある」

という程度の関連性である。これでは文脈にとっては、「ほとんど関係ない」というぐらいの認識が成されてしまうおそれがある。それを避けるためには、Bのように **closely**「**密接に**」という副詞を併用するとよい。さらに「関連性」を深めるには、Cのように **based on...**（……**に基づいて**）を用いるという手もある。

　最後に、「関連」「関係」を英語にする例をいくつかあげておこう。

「私の仕事は取得した学位**とは関係がない**」
○ My job *doesn't have anything to do with* my degree.
○ My job *isn't related to* my degree.
　*have nothing to do with... も「……とは関係がない」という意味になる。

「糖尿病はストレスとなんらかの**関わり**がある」
○ There's *a connection* [*link*] *between* stress *and* diabetes.
○ Diabetes is *related to* stress.
　*「なんらかの関わり」という程度の「薄いつながり」であるから、related to を用いるのが自然。connection や link も「密接な関係」というより、「何らかのつながり」という程度のニュアンスである。

「**プロジェクトに関連した資料**をできるだけ早く集めてください」
○ I need you to gather *material related to this project* as soon as possible.
○ I need you to gather all *the project data* right away.
　*このように material related to this project は、the project data で言い換えることが可能。

「私は**介護関連の職**を探しているところです」
○ I'm looking for *a job related to home-care*.
○ I'm looking for *a home-care job*.
　*上は、たとえば「介護をやっている会社の経理部」など、直接介護をしない職種も含む。下は、実際に介護をする職種のみを指す。

「私の不合格は、先日の件**に関連して**いるのですか？」
○ Is the reason I wasn't accepted *related to* what happened the other day?
○ Did what happened the other day *affect* your decision?
*affect は「影響をおよぼす」ということなので、「関係がある」「関連している」というニュアンスを内包する動詞である。

「彼は**広告関連の**本を読みあさった」
○ He read a lot of books *related to advertising*.
○ He read all the books *on advertising*.
* この all は「全部」の意味よりも「いろいろな」「さまざまな」のニュアンスが強い。「……に関する本」という場合、このように on を使って言うことが多い。

24 ●「把握する」

「把握する」に対応する英語として使用頻度が高いのは grasp であろう。日本の会社案内では、次のような1文を見かけることがある。

× We are able to *grasp* the needs of our clients.

これはおそらく「弊社はお客様のニーズを把握しています」というつもりで書かれた英文なのだろう。しかし、この英語はかなり奇妙であり、「お客様のニーズを**なんとか**わかっている」というニュアンスになってしまう。「弊社はお客様のニーズを把握しています」に相当する英文は、

○ We *understand* the needs of our clients.

といったものである。

そもそも、grasp の根源的意味は「**手を伸ばす**」「**つかもうとする**」である。

○ She is *grasping* at straws.
「彼女は**焦っている**」←「彼女はわらを**つかんでいる**」
＊これはわらぶき屋根から落ちそうになった人が必死で藁をつかんでいるイメージ。ここから転じて grasp at straws は「焦る」という意味を表わす。

grasp は understand と異なり、「**理解する**」というところまで完全にはいたら**ない**。まだ「つかんだ」だけで、アタマの中で完全に理解はできていないからである。grasp には、「**おおざっぱに理解する**」というニュアンスをともなう場合も多い。
そのため、以下のような形で使うことが多い。

「彼の目的を**つかめ**ない」
△ I can't *understand* his purpose.
○ I can't *grasp* his purpose.
＊「目的を理解する」のではなく、「目的が何であるのかを（おおざっぱに）つかむ」ということなので、grasp を用いる。

「新入生の数を**把握**しなければならない」
△ We have to *grasp* the number of new students.
○ We have to *find out* the number of new students.
＊「人数」という「情報」を「おおざっぱ」ではなく「正しく」把握することが求められているので、find out を用いるべきである。

「祭りにどれだけの人が来たのか**把握**できない」
○ It's impossible to *grasp* how many people came to the festival.

すぐ上の文は、自然かどうかが文脈によって異なってくる例である。1万人以上の大人数であれば grasp を使うのはまったく自然である。しかし、50人

や100人の時に使うことはできない。これもやはり、graspには「大まかにつかむ」という意味が根底にあるからである。**少人数の場合は「概数」を用いるのが不自然**なので、用いることができないということである。

もう1つ例を見ておこう。

○ It's impossible to *grasp* how many people saw the advertisement.
「どれだけの人がこの広告を目にしたのか**把握**できない」

「広告」という性格上、目にする人数を「正確に」把握するのはなかなかむずかしい。こちらも先ほどの「概数」と同様、graspは「大まかなところをつかむ」というニュアンスで用いられている。

なんとなく「つかめて」きただろうか？ understandとgraspの違いを、もう少し見てみよう。graspは**「逃げそうになるものをなんとかつかまえておく」「むずかしいことをなんとか理解する」**という意味であり、**can't grasp**であれば**「なんとか手でつかもうとしているが、つかむことができない」**→**「（手の中に）まったくつかめない」**→**「さっぱりわからない」**ということになる。その人の「頭が良いとか悪い」とかいう次元の話ではなく、「事態を理解することがむずかしい」というニュアンスなのである。

会話を通じて、理解を促進してみよう。以下の2つの会話を見てほしい。

〈会話例1〉
　A: Why did they go swimming in winter? *I can't understand*!
　B: *I can't understand* it either.
　A: 冬なのにどうして彼らは泳ぎになんか行ったの？ **理解できない**よ。
　B: 私にも**理解できない**。

〈会話例2〉
　A: This newspaper article says that computer chips can make 500-million calculations a second.
　B: *I can't grasp it.*
　A: コンピュータは1秒間に5億回の計算を行なうことができるって、こ

の新聞記事に書いてあるよ。
B: 私には**理解できない**。

どちらの会話でも、「理解できない」という意味の表現が使われているが、それぞれの会話例の understand と grasp を入れ替えて用いることはできないのである。〈会話例1〉の場合は、「なぜそんなことをしたのか、**頭の中で理解ができない**」という意味である。これに対して、〈会話例2〉のほうは、「数字が大きすぎて、**さっぱりわからない**」というニュアンスなのである。日本語に「つかみどころのない話」という言い回しがあるが、これに近いものがある。

「把握」が入った日本語を、英語に直してみよう。例を通じて、その感覚を「つかんで」みよう。

「顧客満足度を計る意義を社員全員が**把握**しなければならない」
○ Everyone in the company needs to *understand* why it's important to measure customer satisfaction.
○ We all need to *understand* why measuring CS is important.
*understand の代わりに grasp を使うと不自然になってしまう。「大まかにつかむのではなく、頭の中できちんと理解すること」が求められているからである。

「会社の財政状況を**把握**しないまま、企画書を作っても意味がない」
○ It doesn't make any sense to make a proposal without *having an understanding* of the company's financial situation.
○ Making a proposal without *knowing* our financial situation is senseless.
＊このように、know も「把握」に対する訳として使える場合がある。

「彼の真意を**把握**しないで、批判をするのは止めたほうがいい」
○ I don't think you should criticize him without *knowing* his true intentions.
○ Don't criticize him without first *understanding* what motivates him.

○ Walk a mile *in his shoes* before you criticize him.
 　* 最後の訳文は「彼を批判する前に彼の靴を履いて（立場になって）1マイル歩いてみたら」という意味で、一種の決まり文句。

「このシステムの使い方をまだ**把握**できない」
○ I'm still trying to *get a grasp of* how to use this system.
○ This system is still hard for me to *understand*.
 　* このような場合に grasp が使えるのは、システムが大変複雑で高度であり、ほかのすべての人にとっても理解がむずかしい時。反対に「ほかのすべての人がわかっているのに、自分だけがわからない」という場合は grasp は使えない。

「今回の社長の交代劇の全容は**まだ把握できていない**」
○ *I still don't know* what went on with the replacement of the president.
○ *I have no idea* why the president was replaced.

「つねに状況を**把握しながら**、この企画を進めていこう」
○ Let's proceed with this plan while *maintaining an understanding* of the current situation.
○ Let's move ahead *without losing touch* of reality.
 　*lose touch of... は「……を理解できなくなる」という意味。

「システムの欠点も**把握**した上で、やはりこれを勧めたいと思います」
○ I'd like to suggest this system, even with *a clear understanding* of its weaknesses.
○ *Despite* its weaknesses, I think this system is the best.
 　* このように、despite の1語によって「……を（十分に）把握した上で」というニュアンスを表わすことができる。

25 「それと」「それに」「……以外に」「……に加えて」

「それと」「それに」「……以外に」「……に加えて」といった表現は、何かを「付け加える」という時に使われるが、英語でこれらに相当する表現と言えば in addition to... や besides である。in addition to はどちらかというとフォーマルな言い方であり、besides は口語的でインフォーマル。

こうした表現を使う場合、**日本語との感覚の違いに十分配慮する必要がある。**

「企画書を書き、**それに**机を整理しました」
△ *In addition to* writing a proposal, I organized my desk.
△ *Besides* writing a proposal, I organized my desk.

「企画書を書き、それに机を整理しました」という日本語の文は特におかしいところはない。しかし、それに対する訳文として示されている2つの文は、どちらもかなり不自然な印象を否めない。

この2つの文が「答え」になるような「質問」を考えてみよう。それは、

○ Did you do anything else *besides* writing a proposal?
「企画書を書く**以外に**は何をしたの？」

である。つまり、あらかじめ**質問者が、相手が企画書を書いていることを知っている上での問いかけ**なのである。

こうした答えを、**What did you do today?（今日は何をしたの？）** に対して用いることは不自然である。もし、いきなり上記のような答えが返ってくれば、質問者は「『企画書を書く』ということを聞いていたはずなのに、忘れてしまっていた」、あるいは「『企画書を書く』ということを聞き逃してしまっていた」と思ってしまうかもしれない。場合によっては、なんらかの「嫌み」や「当てつけ」だととらえられてしまう可能性もある。

別の状況を考えてみよう。あなたが、Let's talk about this over lunch.「昼食を取りながら、この件について話そう」と誘われた場合、あなたには、「頭

痛がする」「報告書を書き終えなければならない」という2つの理由があって誘いを断りたい。そんな時には、どう答えたらいいだろうか。

「頭が痛いんです。**それに、**報告書もやらなければならないので……」
A. Sorry, but I have a headache. I *also* have to finish these reports.
B. I have a headache. *Besides (that)*, I have to finish these reports.

さて、AとBの違いがわかるだろうか。Aの場合、**2つの原因が同じ程度の重さを持っている**ことがわかる。ところがBの場合は、**besides以降の理由が最初の理由よりも重要度が低い**ことになる。つまり、Bは「頭が痛いのです。**ついでに言うと、**報告書もやらないといけないので……」というニュアンスになる。

このようなニュアンスの違いは、時に大きな悲劇（？）を生むことがある。下の例文を見てみよう。

△ I don't want to work on Sunday this week. *Besides (that)*, it's our wedding anniversary.

この文は「今週は日曜日は働きたくないな。それに、結婚記念日だからね」という意味であるが、実は「日曜日だから働きたくない。まあ、ついでに結婚記念日でもあるしね」というニュアンスが込められてしまうのである。こんなことを言ってしまったら、奥さんに怒られてしまうかもしれない。

besidesを用いるのは、たとえばこんな場合である。

「これから寒くなっていけば、その商品の売れ行きも伸びていくと思いますよ。**それに、**まだ十分に宣伝も行なっていませんし。やっぱり待ったほうがいいと思います」
○ If it gets cold, sales of that item will increase. *Besides* we haven't done sufficient advertising yet. So let's wait.
○ Sales will increase in the winter. *Besides* we haven't done

enough advertising. So let's wait.

　この場合、「冬になれば商品の売れ行きも伸びて行く」というのが主な理由であり、重要度の低い理由として「宣伝が十分ではない」ということが述べられている。つまり、**最初の理由を言いながら、次の理由を思いついた場合に用いる**というのが、正しい besides の使い方なのである。
　それでは、例文を通じて、いろいろな「それに」の英訳の仕方を学習しておこう。

「彼の仕事が早いのは、時間の使い方にセンスがあるからです。**それに、**部下にも恵まれています」
- ○ He works quickly because, *besides* having a good sense of how to use time, he's blessed with a good staff.
- ○ He gets things done quickly because he knows how to use time. He *also* has a good staff.

＊「時間の使い方にセンスがある」ということが既知の事実である場合、上のパターンを使うのが自然。下の例文では、2つの理由を同等に扱っている。

「彼は元々スケジュールを立てるのが苦手です。**それに、**その部署には配属されたばかりで、まだ新しい仕事に慣れていないのです」
- ○ He's not very good at scheduling. *Besides* just being assigned to that department, he isn't used to his new job yet.

＊「彼がその部署には配属されたばかりである」ことを相手が知っていることが前提になっている。

「このデザインはよく売れています。若年層に人気がありますし、**それに、**何人かの有名人も使っていましたからね」
- ○ This design is selling well because it's popular with young people. *Besides (that)*, there are some famous people who are using it.
- ○ This design is doing well because young buyers like it. *Be-*

「それと」「それに」「……以外に」「……に加えて」

sides (that), some famous people are using it.
＊「若い人たちに人気がある」ということがメインの理由である。

「何も言わなかったのは質問の意味がわからないからです。**それに、**声がよく聞こえなかったのです」
○ The reason I didn't say anything was because I didn't understand the question. *Besides (that)*, I could hardly hear his voice.
○ I didn't respond because I didn't get the question. *Besides (that)*, I couldn't hear him very well.
＊「質問の意味がわからない」という理由を述べながら、別の理由（声が聞こえなかった）を思いついて、その場でつけ加えている。

「このノートパソコンには、最新のCPUが搭載されている。**それに、**とても軽いので、ラクに持ち運べます」
○ *Besides* having the latest CPU installed, this notebook computer is easy to carry because it's light.
○ *Besides* having the latest CPU, this notebook is light and easy to carry.
＊話者は最初から2つの理由を述べるつもりだったが、「メインの理由」をあとに持っていくために、besides... を文頭で用いている。

「今、コピー機を新しく買い替える必要はないんじゃないかな。**それに、第一、**値段が高すぎるよ」
○ I don't think it's necessary to buy a new copy machine at this time. *Besides (that)*, the price is too high.
○ We don't need a new copy machine now. *Besides (that)*, it's too expensive.
＊「高すぎる」という理由は、その場で思いついて「つけ足した」もの。

「彼女は言葉選びに気を使います。**それに、**イメージしやすいよう比喩も使います」

○ *Besides* being careful about what words she chooses, she also uses figurative expressions that provide a clear image.
＊話者は「比喩を使う」ということを主に述べたいので、besides... を前に持ってきている。

26 ●「ほとんど」「もう少しで」「もうすぐ」

　日本語の「ほとんど」と英語の almost は、形容詞や副詞を修飾する場合、非常に類似している。しかし、almost が名詞、動詞、一部の形容詞を修飾する場合は、「ほとんど」の意味と違ってくる。
　以下の例を見てみよう。

○ She's *almost* here.
「彼女は**もうすぐ**ここに来る」
○ It's *almost* the end of the year.
「もう**少しで**年末だ」
○ It's *almost* spring.
「もう**少しで**春になる」

　これら３つの文に使われている almost の意味は「ほとんど」ではなく、「**もう少しで**」である。また、３つ目の文にあるように、名詞を almost で修飾すると「もう少しでそうなる」という意味になる。
　「ほとんどの……」という日本語を英語にする時は、少し注意が必要だ。

「**ほとんどの日本人**がその本を見たことがある」
× *Almost Japanese* have seen this book.
○ *Most Japanese* have seen this book.
○ *Almost all Japanese* have seen this book.

「ほとんどの日本人」という意味を正しく表わすことができるのは **most Japanese** と **almost all Japanese** である。almost Japanese は「ほとんどの日本人」ではなく「もう少しで日本人になっている人」「ほとんど日本人」という奇妙な意味になってしまう。これを聞いた相手は、たとえば「日本で生まれたが日本人ではない人かもしれない」と想像を働かせることになる。

次のような「ほとんど」にも注意が必要である。

「昨日は**ほとんど**仕事をしていた」
× I *almost* worked yesterday.
○ I *mostly* worked yesterday.
○ I worked *almost all day* yesterday.

この「ほとんど」は「ほとんどずっと」の略であるから、**mostly** あるいは **almost all day** を用いて訳さなければならない。I almost worked yesterday. は「もう少しで仕事をするところだった」、すなわち**「仕事をしようと思ってはいたが、実際仕事をしなかった」**という意味になってしまう。

ところで、先ほど見た「ほとんどの日本人がその本を見たことがある」であるが、実は、

○ *Japanese* have seen this book.

のように訳しても、意味はさほど変わらない。この「ほとんどの日本人」が、生まれたばかりの赤ちゃんまで含んでいるとは誰も思っていない。それであれば、almost all を抜かしても大した問題とはならず、結果として **Japanese だけで「ほとんどの日本人」という意味を表わすことができる**のである。

それでは、「ほとんど」の訳し方を例を通じて見ていこう。

「そのアプリの使い方の**ほとんど**を彼女から教わりました」
○ I learned *almost everything* I know about this application from her.
○ She taught me *all* about this application.
 ＊この「ほとんど」は「ほとんどすべて」の意味であるから、almost

everything とするのがいちばん自然。実際に「すべてを1人の人物から学ぶことはムリだ」ということは常識的に明らかであるから、下の文のように all だけを用いても、意味は変わらない。

「ABC 社と契約を結ぶことは**ほとんど不可能**と思われていたが、彼は契約を結んできた」
○ It was believed that it would be *almost impossible* to get a contract with ABC, but he did it.
○ *No one thought* ABC would sign, but he pulled it off.
  *No one thought... によって「誰も……とは思っていなかった」→「……は不可能だと思われていた」という意味を表わしている。受動態を能動態で訳しているのがポイント。なお、下の文で使われている sign は sign a contract の省略であり、pull it off は「むずかしいことに成功する」という意味である。

「顧客からのクレームの**ほとんど**が大事な情報だということを忘れるな」
○ Remember that *almost all* complaints from customers are important information.
○ Don't forget that *most* complaints have some truth.

「その部署では、業務の**ほとんど**が海外で処理されると聞いた」
○ I heard that *most* of the work of that department is carried out overseas.
○ I heard that department offshores *almost all* its work.
  *動詞の offshore「海外に移す」は新しい用法で、辞書によっては認めないものもある。

「残念なことに、上半期の売上が上がるのを**ほとんど期待できない**」
○ Unfortunately, there is *almost no hope* for an increase in sales in the first half.
○ Sales in the first half *don't look very hopeful*.

「社員が新しい部署に配属される時、彼らの運命は**ほとんど**決まってしまう」
○ When employees are assigned to new departments, their fate is *almost completely* decided.
○ Your fate *basically* depends on what department you get assigned to.
*almost completely と、completely を併用することが重要。almost decided では、「ほとんど決められている」→「まだ決められていない」ということになってしまう。また、下の文では、basically「基本的に」を「基本的なところはすべて」というニュアンスで用いている。

「会議は、**ほとんど**先日の事故の報告で終わってしまった」
○ *Most* of the meeting today was spent on reporting about the accident the other day.
○ The accident the other day took up *most* of the meeting.

「見積りを依頼された時は、注文が入るとは**ほとんど**考えてもいなかった」
○ When they asked me for an estimate, I didn't expect to receive *hardly* any orders.
○ When they asked me for an estimate, my expectations were *low*.
*「ほとんど……ない」は、このように hardly を用いるのがいい。

27 ●「厳密に」

strictly speaking は「厳密に」という意味で使われることの多いフレーズである。それこそ厳密に言えば「厳密に言えば」ということになる。しかし、ネ

イティブは、このフレーズを日本人とは微妙に異なった方法で用いている。
　ネイティブが strictly speaking を用いるのは、**相手の発言の間違いをソフトに伝えるためなのである**。たとえば、

　　○ *Strictly speaking*, that answer is wrong.

という文は、直訳すれば「厳密に言えば、その答えは間違っている」となる。しかし、実際にネイティブが伝えたいのは、「**厳密に言えばそれは違うけど、誰もそこまでは気にしない**」という気持ちなのである。That answer is wrong. ではあまりにストレートすぎるため、**語調を和らげる**ために、strictly speaking が用いられているのだ。
　実際の用法を、会話例で確認してみよう。

　　A: Can I use the meeting room?
　　B: *Strictly speaking*, that's only for meetings. But it's okay this time.
　　A: 会議室を使ってもいいですか？
　　B: **厳密に言えば**、会議用の部屋なので本当はいけないのですけど、今回はいいですよ。

　このように、**strictly speaking を用いた場合、あとで「許可」が与えられることが一般的**である。この strictly speaking は「原則的には……ですが」というニュアンス。下の会話例と比較してみよう。

　　A: Can I use the meeting room?
　　B: Sorry. That's only for meetings.
　　A: 会議室を使ってもいいですか？
　　B: すみませんが、会議用の部屋なので、ダメですね。

　strictly speaking を使わなければ、このように「拒絶」されることが予想される。
　さて、次の例文を見てみよう。これは、どのような「状況」で用いられてい

ると考えられるだろうか。

〈直訳〉「厳密に言うと『シカゴ学派』はシカゴ大学経済学部によるアプローチを指す」
　○ *Strictly speaking*, the Chicago School refers to the approach of the Department of Economics at the University of Chicago.

　実は、この文は相手の間違いに対して、やんわりと修正を述べているのである。つまり、

「厳密に言うとそうではなく、『シカゴ学派』はシカゴ大学経済学部によるアプローチのことを指しますけどね」

のようなニュアンス。この strictly speaking は「**それほど大きな間違いではないのですが、厳密に言うならば……**」という感じで、相手の気分を害さないように気遣うための一言なのである。
　strictly speaking のニュアンスがなんとなくわかってきただろうか。これまで見てきたように、**相手がいてはじめて strictly speaking を用いることができる**のである。そのため、単に説明をしているだけであれば、strictly speaking ではなく、別のフレーズを用いたほうがいい。

「厳密に言うと『シカゴ学派』はシカゴ大学経済学部によるアプローチを指す」
　○ *In its strictest sense*, the Chicago School refers to the approach of the Department of Economics at the University of Chicago.

　この in its strictest sense は「厳密な意味では」ということであり、論文などで自然に用いられる。in its strictest sense とほぼ同じ意味を、strictly 1 語でも表わすことができる。

○ The Chicago School *strictly* refers to the approach of the Department of Economics at the University of Chicago.

　またビジネスの現場でstrictly speakingと同じように使われがちなのが**technically / technically speaking**である。このフレーズを「技術的な話をすると……」という意味だと思っている人が多いが、実はこれは「技術」とは何も関係がない。「**規則としては**」という意味なのである。
　そして、このtechnically / technically speakingは、規則や原則の話をしつつ、同時に**その規則や原則は破っても大丈夫であることをほのめかす**時にもよく使われる。
　たとえば、

○ *Technically (speaking)*, I have to submit this report by Tuesday, but a few days won't matter.
「**本当は**火曜日までに報告書を出さなければいけないのですが、2, 3日くらい遅くなっても大丈夫です」

のように用いる。technically (speaking) は「厳密に言えば……だけど」ということで、発言に「含み」を持たせるために用いる副詞表現なのである。
　technically (speaking) のこの用例も、会話で確認しておこう。

〈会話例1〉
　　A: Can I take the test next week?
　　B: *Technically (speaking)*, you need to take it today. But I guess it'll be all right this time.
　　A: 来週は、試験を受けられるでしょうか？
　　B: **本当のところは**、今日受けなければならなかったはずですが、今回は大丈夫でしょう。

〈会話例2〉
　　A: Can I do this work at home?
　　B: *Technically (speaking)*, you're supposed to do it in the office.

But I guess it'll be okay this time.
A:この仕事を家でやってもよいですか？
B:**本来は**会社でやらなければいけないですが、今回はいいでしょう。

なお、「専門的に言うと」と言いたければ、technical term「専門用語」という英語を使って、次のように言うことができる。

○ *In technical terms*, this is called a direct injection gasoline engine.
「**専門的に言えば、**これは直噴式ガソリンエンジンと呼ばれる」

しかし、これはややまわりくどい印象がある。よって、

○ *This is called* a direct injection gasoline engine.
「**これは**直噴式ガソリンエンジン**と呼ばれるもの**です」

のようなストレートでシンプルな英語のほうがよいだろう。

28 ●「男／女」

「男」「女」に関する英語の表現を、ここでは見てみよう。よく知られているのは、male / female、そして man / woman (men / women) であるが、これらはどちらも「男／女」という意味でありながら、実は**品詞が異なる**。male / female は**形容詞**であり、名詞ではない。名詞として使うこともできるが、やはり形容詞の用法が基本であると考えておいたほうがいい。というのも、**名詞の male / female は基本的に「動物」のみに対して用いられる**ので、人間に対して用いるのは好ましくないからだ。

例で確認してみよう。

「**女性**は**男性**より食べるのに時間がかかる」
　× *Females* take longer to eat than *males*.〈名詞になっている〉
　○ The *female* employees take longer to eat than the *male* employees.〈形容詞になっている〉
　○ *Women* take longer to eat than *men*.

　なお、Females take longer to eat than males. は「（動物の）メスはオスより食べるのに時間がかかる」という意味になってしまう。
　また、会話であれば「男／女」を表わすのに **guy(s) / gal(s)** を使うことができる。guy(s) がよく使われるのに対して gal(s) があまり使われることがないのは、古くさい英語に聞こえるからである。なお、Guys!（さあ、みんな！）と女性のグループに呼びかけるのも決して不自然ではない。またきちんと呼ぼうとすると、guys and gals ではなく **guys and girls** になるのは不思議である。
　boys and girls で表現するのは10歳程度までであるが、boys, girls のように別々に使えば、高校生くらいまでを含むことになる。
　アメリカではこうした男女問題が日本以上に敏感であることを、英語を使う者は、ぜひ心にとめておきたい。
　1990年初頭からアメリカで起きた、差別表現を排除しようとする PC（Politically Correct: 政治的に正しい）運動は、政治的、経済的、人種的に偏った用語を使用せず、中立的な表現を使用しようということであり、女性の社会進出にともなって不都合が生じてきた多くの表現を是正するきっかけとなった。
　特に男女問題については日本人以上に敏感で、必要以上に男と女を別々にして話すのを避けるのが社会通念上大切になっている。
　たとえば自分の会社の従業員について話をする時に、

　　△ We have 10 *male* employees and 15 *female* employees.
　　「わが社には10人の**男性社員**と15人の**女性社員**がいる」

と言っただけで、男女の扱いを同じにしていないとして、クレームを言う外国人がいるかもしれない。PC 表現は、

　　○ We have 25 *employees*.

「わが社には 25 人**社員**がいる」

である。

　「消防士」が男性のみの職業であった時代には fireman という言い方が自然であったが、男女雇用機会均等があたり前になった現代では差別表現ということになる。fireman ではなく、**fire fighter** を使わなければならない。

　男女の性差を感じさせる接頭辞や接尾辞をなるべく排除して「無性語」を使い、無難な表現が用いられるようになっている。以下の表にまとめたように、**とにかく man という言葉を使うことが避けられている**。

日本語	差別的な表現	PC 表現
議長、進行役、長	chairman	chair, coordinator, head
警官	policeman	police officer
郵便集配人	mailman	mail carrier
ニュース総合司会	anchorman	anchor
広報官、広報担当	spokesman	spokesperson
旅客機などの客室乗務員	stewardess	flight attendant
工数、延べ労働時間	man hours	hours, working time, labor
人工の、合成の	manmade	artificial, synthetic
労働力	manpower	work force, personnel, the staff, the workers

　性を限定する接頭辞や接尾辞がついた単語を決して使えないということではない。たとえば次期の議長がすでに男性だとわかっている場合であれば、We have a new chairman. ということができるし、男性の警察官であることがわかっている場合には I talked to a policeman. と言っても差し支えない。

　相手の性がわからない時に a new chairman, a policeman と言えば、最初から**「男性」と決めつけており、差別的に聞こえてしまう**可能性がある。

　PC 表現は語彙レベルだけではなく、文法のレベルでも考慮する必要がある。たとえば、「全員が略歴を提出しなければならない」を英語にする場合、

　　△ Everyone must submit *his* biography.

としてしまうと、男性を表わす his を使っていることで差別と考えられる。これを避けるために、

△ Everyone must submit *his/her* biography.

と言うこともできるが、「スラッシュ」を使う書き方は技術的な文書では OK であるものの、通常の文書では以下のように or を用いたほうがよい。

○ Everyone must submit *his or her* biography.

また、最近もっともよく用いられるのが、

○ Everyone must submit *their* biography.

のような言い方である。単数扱いの everyone の所有格を複数形の their で受けることは、本来は文法的に正しくはないが、男女差別を避けるためのこの手法は許されている。
また、以下のような書き換えも効果的である。

◎ *All employees* need to submit their biography.
◎ Make sure *you* submit your biography.

複雑な社会的文化的な背景を持つ「差別」に関する問題を回避するために、上記のような書き換えをぜひ覚えておこう。
最後に、「男」「女」を含む日本語の具体的な英訳方法を、例を通じて確認してみよう。

「私は、**女子**より**男子**の数が３倍多い高校に通学していた」
○ I went to a high school where there were three times more *male students* than *female students*.
○ My high school had three times more *boys* than *girls*.

「**男女**を問わず、仕事熱心な方ならどなたでも採用いたします」
○ *Men or women*, we hire anyone who is motivated.
○ We hire motivated people, *regardless of sex*.

「**女性**と**男性**では、説明の仕方が異なる」
○ *Women* seem to give a different type of explanation than *men*.
○ Not everyone gives the same type of explanation.
＊2番目の英文のように、なるべく「男」「女」という表現を避けたほうがPC的には望ましい。

「**女性向けの定食**なのに、意外なことに男性ファンが多かった」
○ It's *a combo for women*, but it was actually popular with men.
◎ It's *a light meal*, but everyone seems to like it.
＊a combo for women「女性向けの定食」という言い方を「女性差別」と取る人もいるかもしれないので、2番目の英文のようなあいまいな言い方のほうが好ましい。

「その村では、**男性も女性も**、明確な分担なしに働いています」
○ In that village, *men and women* work without a clear division of labor.
○ The villagers work side-by-side, *regardless of sex*.

29 ●「(……が) ある」

　日本人がもっと活用すべき英語の構文の1つが、There is... / There are... である。これは中学1年の時に習う構文で、ほとんどの人が知っているにも関わらず、きちんと使いこなしている人は意外なほど少ない。
　たとえば、「机の上にホッチキスがある」という時に、

△ A stapler is on that desk.
　△ A stapler is there on that desk.

といった英語を用いる日本人が多いが、これはやや不自然である。英語では、**不定冠詞のついた名詞を主語にする場合は、語の「定義」や「説明」に使われることが多いため**、「……がある」という時にこの形を用いると違和感が生じてしまう。

　正しくは、おそらくみなさんが中学で習ったような、

　○ *There's* a stapler on my desk.
　◎ *There's* a stapler *there* on my desk.

という形である。これら2つの文の違いは there が繰り返し使われているか使われていないかにあるが、これは**現在目に見えているかいないかの違い**である。目に見えている場合は、上記の2番目の文のように、**「あそこに」という意味を補足する there を場所を表わす前置詞句の前に置くのが正しい**。しかし、隣の部屋であったり、また別の場所にある場合（見えていない場合）には、上の文のように there は1回だけ用いればよい。

　下の2つの例文を比較してみよう。

　　「私たちがしなければならないことは3つ**ある**」
　○ *There are* three things we have to do.

　　「そこのテーブルには報告書が3部置いて**ある**」
　○ *There are* three reports *there* on the table.

　実はこれらの文では There are... の意味が異なっている。一方は「**抽象的で目に見えないもの**」の存在を表わし、他方は「**目に見えるもの**」の存在を表わしている。どちらの場合にも、共に There is... / There are... が使えることを覚えておこう。

　「ある」「いる」という意味を表わす際には、「存在する」という意味の exist を用いることもできる。しかし、この動詞を用いる場合、「大きな問題」のよ

うな「大げさなもの」が主語に置かれるのが自然であり、身近な出来事や問題である場合には、There is... / There are... を使ったほうがよい。

「机の上にリンゴが**ある**」
△ An apple *exists* on the desk.
○ *There's* an apple there on the desk.

「弊社が成功しない理由が**ある**」
△ The reason why we don't succeed *exists*.
○ *There's* a reason why we don't succeed.

「東京のこの地区には多くの会社が**ある**」
△ A lot of companies *exist* in this part of Tokyo.
○ *There are a* lot of companies in this part of Tokyo.

一方、exist を使うのは以下のような場合である。

「多くの人が神が**いる**ことを信じている」
○ Many people believe that God *exists*.

このようにフォーマルで、重厚な印象を与える時には exist を使うことが多い。また、

「企業が株主のためだけに**存在する**時代は終わった」
○ The age when companies *exist* just for the stockholders is over.

のように、単に漠然と「……がある」という意味ではなく、「(何らかの意義があって) 存在する」という意味にしたい場合にも、exist を使うのが自然である。
なお、There is... / There are... は文脈によっては、以下のように「……がある」ではなく「**……が起こる**」という意味になることも覚えておきたい。

「大きな問題は年初によく起こる」
○ A lot of serious problems *occur* at the beginning of the year.
◎ *There are* a lot of serious problems at the beginning of the year.
＊「よく起こる」は often occur よりも there are のほうが自然に感じられる。

また、不定冠詞を主語にとった「……がある」という言い方が許容されるのは、以下のような場合である。

「私の前に背の高い男性が**いた**」
○ A tall man *was* in front of me.
◎ *There was* a tall man in front of me.

この場合、「私の前にいる男性」は、**ずっとそこにいるわけではなく、いずれ移動していく**。このような場合には、どちらの形を使っても構わない。下の例を比較してみよう。

「私の前に木が**あった（立っていた）**」
△ A tree *was* in front of me.
○ *There was* a tree in front of me.

特殊な場合を除いては、木は「**移動せずに、ずっと同じ場所にありつづける**」と考えられる。この場合は、There is... / There are... を用いるのが自然である。
　There's two kinds of music, the good and bad. I play the good kind.（世界には2種類の音楽がある。よい音楽と悪い音楽だ。私はよいほうの音楽を奏でる）と言ったのは有名なアメリカのジャズ・ミュージシャン、サッチモ(Satchmo)ことルイ・アームストロング（Louis Armstrong, 1901-71）である。
　two kinds という複数の単語に there is という単数を使う単純なミスを犯しているが、この発言は、「2種類の音楽」ということよりも「どんな音楽が存在しているか」ということに重点が置かれているため、**「複数である」という感覚が忘れられてしまっている**のである。このような「誤った」文は、ネイティ

ブにとってはそれほど不自然には感じられない。実際、かなり教養のあるネイティブでもこのようなミスをよく犯している。

There is... / There are... はマルチに使いこなせる、とても便利な言い回しであることは間違いない。しかし、あまりに連続して使うのは耳障りでもある。その場合は繰り返しを避ける意味で**無生物を主語にする**のもよい。

「テーブルには 3 冊の本が置いて**ある**」
- ○ *There are* three books on the table.
- ○ The table *has* three books.

「世界には 2 種類の音楽が**ある**」
- ○ *There are* two types of music in the world.
- ○ The world *has* two types of music.

さて、まとめとして「……がある」「……がいる」を含む日本語を、実際に英語に訳してみよう。

「ホテルの部屋には金庫が 2 つ**ある**」
- △ *There's* two safes in the hotel room.
- ○ *There are* two safes in the hotel room.
- ○ My hotel room *has* two safes.
  * There's two safes... は本来は間違いであるが、ネイティブはよく使ってしまっている。

「あの池には、およそ 100 種類の魚が**いる**」
- △ *There's* around 100 different kinds of fish in that pond.
- ○ *There are* around 100 different kinds of fish in that pond.
- ○ That pond *has* around 100 different kinds of fish.
- ○ Around 100 different kinds of fish *live* in that pond.

「あのビルの中には 3 つの会社が**ある**」
- △ *There's* three companies in that building.

○ *There are* three companies in that building.
○ That building *has* three companies.

「工場の裏に、廃棄物処理工場が**ある**」
△ A waste processing plant *is* behind the factory.
○ *There's* a waste processing plant behind the factory.
○ The factory *has a* waste processing plant behind it.
　＊「建物」に対して、不定冠詞つきの名詞を主語にした構文を用いるのは不自然（「建物」は永続的にその場所に存在するため）。

「私の机の上に置いて**ある**レポートを、取ってくれない？」
△ *There's* a report on my desk. Could you get it?
○ *There's* a report *there* on my desk. Could you get it?
○ A report*'s* there on my desk. Could you get it?
○ That report*'s* on my desk. Could you get it?
　＊ここでは「レポート」が視界に入っているので、there を「重ねて」用いるのが自然。

「その角を曲がると、イタリアンレストランが**あります**」
○ When you turn the corner, *there's* an Italian restaurant.
○ Turn the corner and *you'll see* an Italian restaurant.

30 ●「従事する」

　自分や会社を紹介する場合に、日本語では「従事する」という表現を多用する。しかし、実はこの**「従事する」という言葉は訳出しなくていい場合が多い**。次の例を見てみよう。

「弊社は道具の設計に**従事する**企業です」

△ We are a company *devoted to* the design of tools.

「従事」という言葉のニュアンスを大切にすると、ついつい上の文のような言い方を用いてしまいたくなる。これは、英文として決して間違ってはおらず、文法的な問題もない文ではあるが、あまりスッキリした文ではない。動詞としても使える design をわざわざ名詞として使った上に、さらに be devoted to を用いているため、冗長な感じがしてしまうのである。思い切って、次のように**シンプルな言い方を用いるのがベストの選択**である。

○ We design tools.

とすれば、無駄な言葉が排除され、必要なことだけ述べた効率のよい文になる。
　なお、以下のような言い方を用いれば、ほかの業務も行なっていることを示すことができる。

○ We *do things* like designing tools.
「わが社は道具のデザインなどを**行なって**います」

○ *Part of our business* is designing tools.
「わが社の**業務の１つ**は、道具のデザインです」

○ We design tools, among other things.
「わが社はいろいろな**業務を行なって**いますが、特に道具のデザインが専門です」

なお、どうしても「従事する」というニュアンスをハッキリ言いたいというのであれば、以下のように書くこともできる。

「わが社は国際貿易に**従事して**います」
○ *We are engaged in* international trade.
◎ *We're in* international trade.

「彼らの会社は医療機器の生産**に従事して**います」
○ *They're focused on* the production of medical equipment.
◎ *They make* medical equipment.

「あの会社はホームページのデザイン**に従事している**」
○ *That company focuses on* homepage design.
◎ *That's a homepage design company.*

　しかし、Part of our business *is* designing tools. と We're in international trade. と That's a homepage design company. の各例文からわかるように、**be 動詞を用いたシンプルな言い方のほうが直感的にわかりやすく、好ましい。**
　「従事している」という日本語をうまく英語にするために、いろいろなパターンを実際に見てみよう。

「わが社は英会話スクール**の経営に従事している**」
○ *We're in the business of operating* English conversation schools.
◎ *We run* English conversation schools.

「介護産業の発展とともに、**介護に従事する**人が増えている」
○ With the development of the home-care industry, the number of people *working in home-care* is increasing.
◎ The number of *home-care helpers* is increasing as the industry develops.

「彼は**農業に従事**しながら、一方では著述業も行なっている」
○ He *runs a farm* while also working as a writer.
◎ He's both *a farmer* and a writer.

「外交官以外に、**外交に従事する**人のインタビューを取りたい」
○ I'd like to interview people *involved in diplomatic relations* other than diplomats.

◎ I'd like to interview non-diplomat *people in the diplomatic field*.

「今わが社の社員に求められているのは、誠実に**業務に従事する**ことである」
○ What our employees need to do is to sincerely *carry out their jobs*.
◎ We need our employees *to work hard*.
  *「誠実に業務に従事する」というのは、要するに「一生懸命に働く」の婉曲的表現であるから、2番目のような英文も適当である。

「現在このプロジェクトの**従事者**は25名である」
○ There are currently 25 people *involved in* this project.
◎ We *have* 25 people *on* this project.

「私は現在、新入社員向けの職業訓練業務**に従事している**」
○ Currently, *I'm focused on* the training of new employees.
◎ *My job is* training new employees.

「私はこれから半年、社運をかけたプロジェクト**に従事することになる**」
○ For the upcoming half year, *I'll be focusing on* a project that will decide the fate of the company.
◎ *I'll be working on* a critical project for the next six months.

31 ●「充実した」

　日本語の「充実した」は便利な言葉であり、いろいろな状況や場面で気軽に用いることができる。しかし、これをいざ英語に訳そうとすると、なかなか苦労させられてしまう。**英語で「充実した」という意味を表わす場合、具体的な**

内容が必要になるからだ。

　たとえば、「お客様には充実した1日を過ごしていただきたいと思っております」という文を英語にしてみよう。「充実した」を和英辞典で調べると、fulfilling などの訳語が載っている。しかし、

　　× We hope you'll have a *fulfilling* day.

では、まったく意味が通らない。「具体的な内容」がまったく含まれていないからだ。適切な英語は、以下のとおりである。

　　△ We hope you are able to *do a lot of enjoyable things*.
　　○ We hope you *enjoy* your stay with us.

「充実した1日」とは「楽しいことをたくさん行なえる」という意味だと考えられるので、上の文でも意味はよく伝わるが、いまひとつスマートではない。そのため、下の文のように、ずばり**「楽しんでほしい」**を英語にすればよい。
　このように、「充実した」という表現を英語にする際には、柔軟な発想で、**具体的なイメージが浮かぶような訳**を考えなければならない。
　さらにほかの例も見てみよう。

　　「**充実した**時間だった」
　　△ We *did a lot*.
　　○ We *accomplished a lot*.

この場合の「充実」は「**たくさんのことができた**」という意味である。あるいは、

　　○ We *had a great time*.
　　○ We *had so much fun*.

といった英訳も、文脈によっては可能であろう。

「社会保障**充実**に消費税率アップはやむをえない」
○ A consumption tax increase is unavoidable for a *better* social security system.
○ The consumption tax will need to be increased to *improve* the social security system.

この例では「充実」を「**よりよい**」と再解釈し、「よりよい社会保障となる」という意味の英語にした。

「弊社は**充実した**人生を送る手助けをします」
○ We'll help you to live a *full* life.
○ We can help *enrich* your life.

full life とは「楽しさに満ち溢れ、学ぶことも多い人生」のこと。enrich your life は、「人生を豊かなものにする」の意味合いが強い。どちらも「充実」の意味を踏まえた自然な表現になっている。

「エコとサービスの**充実化**をめざします」
○ We're working hard to protect the environment and *improve* our services.

この場合「充実化」が改善と拡大の両方を指すとしたら、improve our services は improve and expand our service と考えられるかもしれない。しかし、ネイティブは improve は「拡大」も含むと考えるので、特に expand を入れる必要はない。

「サイトの内容を**充実させる**ことが大事だ」
× We need to *enrich* the content of this site.
○ We need to *improve* (the content of) this site.

enrich は「**人生の改善**」の意味合いが強いため、「サイト内容の充実」という場合には不自然である。

「充実」という日本語を英語に置き換える具体例を、例文を通じて見てみよう。

「充実した人生を送るために、まず毎日を一生懸命生きなさい」
- *To live a full life*, the first thing is to live each day to the fullest.
- *For a full life*, live each day to the fullest.

「昨夜のミーティングは充実していた」
- The meeting last night was *productive*.
- Last night's meeting was *productive*.

「今の仕事から充実感を得るのはむずかしい」
- It's difficult to gain *a sense of fulfillment* from this job.
- It's hard to *feel fulfilled* here.

「昨夜買ったTOEICの学習書は問題数が充実している」
- The TOEIC book that I bought last night *has plenty of practice problems*.
- The TOEIC book I got last night *has lots of practice problems*.

「私にとってこの会社で過ごした3年間は大変充実したものでした」
- The three years I spent working for this company have been very *rewarding*.
- These three years here have been *rewarding*.

「このPCは充実した機能を備えている」
- This PC *has many different functions*.
- This PC *can do a lot*.
  * 「機能が充実している」→「多くのことができる」。

「弊社では、お買い上げのみなさまには充実したサポートを提供いたし

ます」
- We provide everyone who makes a purchase with the *best support possible*.
- You won't be disappointed with our customer support.

*2番目の文は「サポートが充実しているので、決して失望はさせません」という意味。

「**弊社が提供するサポートシステムは大変充実しています**」
- The support system we provide is very *comprehensive*.
- Our support system is *comprehensive*.

32 ●「望む」「希望する」

「望む」「希望する」に対応する英語は hope であるが、しかし、この単純な英語はその用法に注意が必要である。さっそく例文を見ていこう。

- I *hope* you can come to the conference.
「会議に来てくれたら**嬉しいです**」

これは、素直な気持ちを表わす文であり、**相手が来られる可能性があまり高くない時に使う**言い回し。つまり、「それほど期待していない」から相手にかけるプレッシャーは非常に少ないことになる。

- I *hope* you get better soon.
「早くよくなると**いいですね**」

これは病人にかける定番表現で、期待しないというよりも、**相手にプレッシャーを与えない優しい表現**になっている。
次の文には意外なニュアンスがあるので、注意が必要だ。

○ I *hope* it doesn't rain.
「雨が降らないと**いいですね**」

たとえば、戸外でレセプションを計画している人がいるとする。その人のために、「素直な気持ち」から出た言葉とも考えられる。しかし、実はこれには**警告的なニュアンス**がある。もし発言者がその計画に反対しているとしたら、For your sake, I hope it doesn't rain.「君の身のために、雨が降らないといいね」という意味に取られてしまうかもしれない。for your sake は「君の身のために」ということ。つまり、「**雨が降って台無しになったら全部が君の責任（首になる）だ**」の意味になってしまうのである。

これと同様のことが、次の文にも言える。

○ (For your sake,) I *hope* you're right.
「（君の身のために）僕はあなたが正しいことを**望みます**」

この場合、自分が反対していることを相手がどうしてもすると言っている場合、「**もしうまくいかなくなっても、私のせいではありません**」というニュアンス。

I hope... には「**……だといいけど、そうなるかどうかはわからないね**」という皮肉のニュアンスが含まれてしまうこともあるので、十分気をつけよう。

○ I *hope* you know what you're doing.
「自分がしていることがわかっていることを**望みます**」
→「そのやり方では違うと思いますが……」

○ I *hope* you don't kill yourself.
「あなたが自殺しなければ**いいのですが**」
→「ずいぶん危ないことをやっていますね」

○ I *hope* you're serious.
「あなたが真剣だと**いいのですが**」
→「それは冗談に聞こえますが、違いますよね」

このように I hope... には、**そのまま素直な気持ちを表わすものもあり、また率直ではない気持ちを表わすものもある**。意図せずに素直でない表現をしてしまうのを避けるためには、**It would be great if...** を使えば安心である。

　　「会議に来てくだされば**嬉しいです**」
　　○ *It would be great if* you could come to the conference.
　　△ *I hope* you come to the conference.

　　「お天気がよくなれば嬉しいです」
　　○ *It would be great if* the weather were nice.
　　△ *I hope* the weather's nice.

　上記の例文のうち、I hope... を用いたほうは、それぞれ「会議に来てくれればいいんですけど、来ないですよね」「天気がよくなればいいけど、ならないかも」のような、ある種含みのある発言と取られてしまう可能性がある。It would be great if... を用いれば、そのようなおそれはまったく生じない。
　また、主に会話で使われる **I hope.** や **I hope so.** は、「そうだといいですね」という前向きな意味ではなく、どちらかというと**「あまり期待はしないけどね」**というニュアンスが強い。
　たとえば Is Mr. Smith going to come to the meeting?（スミスさんは会議に来ますか？）と聞かれた場合に、I hope. や I hope so. と答えると、**「来ない可能性が大きいですが、来るといいですね」**という意味になってしまう。そのような「含み」を避けるためには、**I think so.** を用いるのがよい。
　ちなみに、hopefully は hope という言葉が入っているが、**「希望（可能性）の少ない言葉」**である。これを使うと、相手は不安を感じるはずである。「自分の力ではどうにもならないこと」や「半ば諦めていること」を表現する際、hopefully を使うと、**「そうなっても仕方がない」**という気持ちが伝わりやすい。

　　「予定どおりにプロジェクトが終わる**と思います**」
　　△ *Hopefully*, we will finish the project on time.
　　○ *I hope* we finish the project on time.
　　◎ *If everything goes well*, we'll finish the project on time.

「部品には欠陥が出ない**と思います**」
　△ *Hopefully*, the parts won't be defective.
　○ I *hope* the parts won't be defective.
　◎ *If everything goes well*, the parts won't be defect.

「5時までに到着できる**と思います**」
　△ *Hopefully* we'll get there at 5:00.
　○ I *hope* we get there at 5:00.
　◎ I *hope to* get there at 5:00.
　◎ *If everything goes well*, we'll get there at 5:00.

　hopefully は「可能性が少ないこと」を伝える副詞であるため、ネガティブなニュアンスを与えるのを避けるのであれば、上の例でも示したように、if everything (all) goes well などを使ったほうが、冷静に考えているように聞こえる。また、〈I hope + 文〉よりも〈I hope to do〉のほうが「前向き」な印象が強くなるということも、覚えておこう。
　hope 以外に「望む」「期待する」を意味する英語の動詞として expect があるが、こちらも注意が必要である。
　たとえば、「パーティに参加してもらえるといいんだけど」という意味で、以下の例文を使うと、誤解が生じる可能性がある。

　△ I *expect* you to go to the party.
　△ I'm *expecting* you to go to the party.

　これらの文は「パーティに行ってくれることを期待する」という意味ではなく**「行ってくれなければ困る」**というニュアンスである。場合によっては、相手は「押しつけがましい」と感じてしまうかもしれない。
　「望む」「希望する」という表現を用いる際には、「裏の意味」に十分気をつけて、相手に不快感を与えないようにしよう。
　最後に、例文を使って、「望む」「希望する」というニュアンスをうまく英語にする方法を学習しておこう。

「打ち合わせに来ていただけたら**嬉しいです**」
○ I *hope* you can come to the meeting.
○ I'm *looking forward to* seeing you at the meeting.
△ I'm *expecting to* see you at the meeting.
　*I hope... は「あなたが会議に来られるといいけど、無理はしないでください」というニュアンス。I'm looking forward to... は「あなたが来るのを楽しみにしています」というニュアンス。この2つは、問題なく使うことができる。それに対して、最後のI'm expecting to... は「会議に来るよね。いいね？」というニュアンスなので、使う相手を間違えないように気をつけよう。

「うまくいけば、ご注文の品は明日には届く**と思います**」
△ Your order will arrive tomorrow, *hopefully*.
○ I *am almost sure* your order will arrive tomorrow.
　*hopefully を使ったほうは「明日に届く可能性もないわけではありません」というぐらいの、かなり「弱腰」なイメージ。一方、その下の英文は「ほとんど確実に届きます」というニュアンスなので、前向きな姿勢を示したければ、こちらを使うのがいいだろう。

「6時には会議が終わる**と思います**」
○ I *hope* the meeting will end at 6:00.
○ *If everything goes well*, we'll finish at 6:00.
○ The meeting *will* end at 6:00.
○ I *hope to* end the meeting at 6:00.
　*上から順に、それぞれ「6時に終わるといいのですが……」「順調にいけば、6時に終わります」「6時に終わらせる予定です」「6時に終わらせるようにします」というニュアンス。下に行くほど「終わる可能性」は高くなる。

「このプロジェクトが会社のイメージアップにつながること**を望みます**」
○ *Hopefully*, this project will lead to an improvement in the

company's image.
- I *hope* this project improves our image.
- This project *will* improve our image.
- I *expect to* improve our image with this project.
  *いちばん下のI expect to improve...は、「自ら率先してイメージアップを図る」というニュアンスも込められている。

「上司が理解してくれる**といいですね**」
- I *hope* my boss will understand.
- I'm *sure* he'll understand.
  *I'm sure...は「きっと理解してくれるはずです」という、かなり前向きなニュアンス。

「今四半期の売上が上がること**を望んでいます**」
- I *hope* our sales increase this quarter.
- *Hopefully*, our sales will increase this quarter.
- I think our sales *will* probably increase this quarter.
- *If all goes well*, our sales will improve this quarter.

「できれば、明日、空港でお会い**したいのですが**」
- *Hopefully*, I'll see you at the airport tomorrow.
- I *hope to* see you at the airport tomorrow.
- *If all goes well*, I'll see you at the airport tomorrow.

33 ●「十分な」「十分に」

　日本人がenoughにいだくイメージは「たくさん」や「十分」であろう。しかし、enoughは「たくさん」という意味ではなく、どちらかというと「**ぎりぎり足りる（だけの）**」「**（なんとか）こと足りる**」というニュアンスが強い。

すなわち「**豊富ではなく（最低限）必要とする量を満たす**」という意味合いである。
　例を見てみよう。

　　○ We have *enough* money to buy five machines.
　　　「5台の機械を買うのに**ぎりぎり足りるだけの**お金がある」

　　○ There's *enough* time to finish this project.
　　　「このプロジェクトを終える時間は**ぎりぎりある**」

　　○ I think she has *enough* interest.
　　　「彼女は**まあ**興味を**持っている**と思う」

　このように、「十分ではないが、なんとか間に合う」という意味を enough は表わすのだ。
　そのため、「十分に時間はある」などと言いたい場合は、

　　△ We have *enough* time.

と言うよりも、

　　○ We have *more than enough* time.

と言ったほうが、日本語のニュアンスに近いといえる。

　　「みんなに食べ物は**十分にある**」
　　△ There's *enough* food for everyone.
　　○ There's *more than enough* food for everyone.

　　「彼には**十分な**アドバイスをした」
　　△ I gave him *enough* advice.
　　○ I gave him *more than enough* advice.

なお、ネイティブは enough を叙述用法で用いることはあまりない。

「水は**足りている**」
× The water is *enough*.
○ There's *enough* water.
○ We have *enough* water.

ただし、That's enough!「もうたくさんだ」のように、「**飽き飽きした**」という意味になる場合には、叙述用法の enough も用いられる。
　また、enough 以外に、sufficient や adequate も「十分な」という意味を表わすことができるが、この 2 つの形容詞もどちらかと言えば「**ぎりぎり**」「**こと足りる**」というニュアンスが強い。enough と同様に、「十分」を表わす時は **more than sufficient** や **more than adequate** という形を好んで用いるネイティブが多い。
　たとえば、How do you like your desk?「机はどう？」と聞かれて、

△ It's *sufficient*.
△ It's *adequate*.

などと答えたら、「ぎりぎり OK かな」「まあまあ十分かな」のように、少しぐちっぽく聞こえてしまう可能性があるので気をつけておこう。
　なお、場合によっては、「十分」を英語にする必要がないこともある。

「このプロジェクトを終わらせるのに**十分な**時間があります」
○ I have *enough* time to finish this project.
○ I have time to finish this project.

上記の文では、enough を使っても使わなくても、ほとんど意味に差は生じない。形容詞的用法の to 不定詞だけで、「……するのに十分な」という意味を表わしているからだ。
　「十分な」が含まれた日本語の例を、実際に英語にしてみよう。

「2 週間の旅をするのには**十分な**お金が必要だ」
- I need *enough* money for a two-week trip.
- I need money for a two-week trip.
  *enough は省いてしまっても意味はほとんど変わらない。

「その国には人々が生きるのを支える**十分な**水や食べ物がない」
- The people of that country don't have *sufficient* food and water to live.
- That country doesn't have *sufficient* food and water.
- People in that country are dying from thirst and starvation.
  *時には、いちばん下の英文のように、思い切った「意訳」をしてしまうという手もある。

「**十分なこと**をしていただきありがとうございました」
- Thank you for doing *more than enough*.
- Thanks for everything.
  *「過分な」というニュアンスをきちんと伝えるために、more than enough という形を用いる必要がある。下の英文は、「いろいろとありがとうございました」という時に用いる決まり文句。

「私たちはプロジェクトのために**十分な**準備期間をもらえた」
- We received *more than adequate* time to prepare for the project.
- We have *plenty of* time to get ready for the project.
  *plenty of を使うことで「十分な」というニュアンスを表わすことができる。

「30 分のプレゼンをするための**十分な**資料を集めてもらいたい」
- I'd like to gather *enough* materials for a 30-minute presentation.
- I need materials for a 30-minute presentation.

「家族を養うのに**十分な**収入が必要だ」
- ○ I need *enough* income to take care of my family.
- ○ I need money to take care of my family.
- ○ I need to make money for my family.

34 ●「……なので」

「……なので」は because であるが、**ネイティブは無意識に because / because of... を避ける傾向がある**。実は because に一種の「とげ」を感じるネイティブが多いのである。

例文を見てみよう。

「新しいコンピュータを買ったよ。古いのは動作が遅かった**のでね**」
- △ I bought a new computer *because* my old one was slow.
- ○ My old computer was slow, *so* I bought a new one.
- ○ My old computer was slow *and* I got a new one.

実は because を使った１番目の文には「**新しいコンピュータを買ったよ。理由はちゃんとある。古い方は遅いから、仕方がない**」という切り口上で、**とげとげしいニュアンス**がある。理屈っぽく、自分を正当化しているように聞こえるのである。この問題を解決するのが、他の２つの文で使われている and や so などの接続詞である。こちらを使えば、ずっとソフトな感じになる。

「軽い**ので**運びやすい」
- △ It's easy to carry *because* it's light.
- ○ It's light *and* easy to carry.
- ○ It's easy to carry this light bag.

上の例では、because を使った英文は「運びやすいんだ。なぜって、それは

軽いからだよ。それが理由だ」のような、とても「**くどい**」印象になる。

「忙しい**ので**彼は来られないよ」
△ He can't come *because* he's busy.
○ He's busy *and* can't come.

because を使ったほうは、「彼は来られないよ。なぜなら、彼は忙しいからね」のように、**理由を「もったいつけている」ような感じ**がある。

下の会話例を見て、because にともなう一種の「こっけいさ」を感じられるだろうか。

A: This bag is easy to carry *because* it has straps.
B: I disagree! It's easy to carry *because* it's light.
A: No, you're wrong!
A: このバッグはストラップがついている**から**運びやすい。
B: それには賛成できない！ 軽い**ので**運びやすいのだ。
A: いや、君は間違っている！

because を使うと、**「理由」のほうに焦点が集まってしまうため、「言いたいこと」がぼやけてしまうという弱点がある**。そのため、上の会話では「運びやすい」ということが話題だったはずなのに、いつのまにか「なぜ運びやすいのか」が問題になってしまい、会話が破たんしてしまったのである。

because のニュアンスを知るために、「……ので」を含む日本語の文をいくつか例として見ていこう。

「いい映画だった**ので**、多くの人が感動した」
△ It moved a lot of people *because* it was a good movie.
○ It was a good movie *and* everyone loved it.
　*because を使ったほうは「感動した理由は『いい映画だった』から。ただそれだけ」のような、「ひねくれた」発言のように取られてしまう可能性がある。

「強い薬**なので**、眠くなる」
- △ It made me sleepy *because* it's strong medicine.
- ○ It was strong medicine *and* made me sleepy.
- ○ That strong medicine made me sleepy.

　＊because を使った１番目の英文は「強い薬だから眠くなったのだ。ほかに理由があるというのか？」とでもいうような、「挑戦的な」発言に解釈されてしまうおそれがある。

「資料が多い**ので**、読むのに時間がかかった」
- △ It took me a long time to read the material *because* there was so much.
- ○ There was a lot of material *and* it took me a long time to read it all.
- ○ It took me a long time to read all the material.

　＊「たくさんあったから」という「理由」を強調することで、because を使った英文は「不平をこぼしている」ような感じに聞こえる。

「コストがかかる**ので**、そのプロジェクトは中断された」
- △ The project was canceled *because* it was too costly.
- ○ The project was too costly, *so* it was canceled.
- ○ That costly project had to be canceled.

　＊言い方によっては、because を使うと「コストがかかりすぎたから、中断されたんだよ。それとも、違うとでも思ってるの？」という意味になる。

「体力に自信があった**ので**、3日も徹夜した」
- △ I worked for three days without sleeping *because* I had confidence in my physical strength.
- ○ I thought I was invincible *and* worked for three days without sleep.
- ○ I had no problem working for three days without sleep.

　＊いちばん上の例文は、「体力に自信があったから」と「自慢している」

ような感じになってしまう。

「職場が遠い**ので**、早く家を出なければならない」
- △ I have to leave my house early *because* it's a long ways to work.
- ○ I live a long ways from work *and* I have to leave home early.
- ○ It takes me a long time to get to work.
  * いちばん上は、「遠いから仕方がないんだけどね。でもねえ……」とぼやいているようなイメージ。

「騒音がひどかった**ので**、仕事の邪魔になった」
- △ I couldn't concentrate on my work *because* the noise was so loud.
- ○ It was really noisy *and* I couldn't work.
- ○ It was too noisy to work.
  * いちばん上は、「うるさくて、仕事がちゃんとできなかったんだ。だから、仕方ないでしょ？」といった「言い訳がましさ」が感じられる。

「よく売れた**ので**、評判になりました」
- △ It got a good reputation *because* it sold well.
- ○ It sold well *and* had a good reputation.
- ○ It was popular.
  * いちばん上は、「内容はともかく、売れたので評判になった」という意味だととらえられてしまう可能性がある。

35 ●「とても」

　日本語の「とても」に対応する訳語として使われる英語表現は、頻出度順に言うと、so / really / very になる。会話では so が頻繁に使われるが、**イン**

フォーマルな響きがあるため、ビジネス文書などでは really や very を代わりに使う。

- I'm *so* busy today!
「今日は**めちゃくちゃ**忙しいよ！」〈カジュアル〉

- I'm *really* busy today.
「今日は**とても**忙しいです」〈フォーマル〉

ただし、〈**so ＋形容詞（副詞）＋ that 節**〉という形であれば、口語英語にも、ビジネスライティングにも使うことができる。

- I was *so busy* today *that* I didn't have time to eat.
「今日は**とても忙しかった**ので、食事をする時間がなかった」

- I finished the report *so early that* I was able to work on another project.
「報告書が**とても早く**終わったので、ほかのプロジェクトに取りかかることができた」

また、このいわゆる「so...that 〜」構文は、以下のように書き換えることもできる。

I was *so* busy today *that* I didn't have time to eat.
→ I was *really* busy today, *so* I didn't have time to eat.

I finished the report *so* early *that* I was able to work on another project.
→ I finished the report early, *so* I was able to work on another project.

こちらで使われている so は、「so...that 〜」構文よりも「理屈っぽさ」がなく、

「とても」

ソフトな響きになる。
　too は「**あまりに……で**」「**……すぎる**」という意味で、**強調するために**用いられる。

　　○ I'm *too* busy today.
　　　「今日は**あまりに**忙しい」

のような言い方は、ややスラング的な響きがあるため、主に会話で用いられる。ただし、〈**too ＋形容詞（副詞）＋ to 不定詞**〉という形であれば、

　　○ I was *too busy to eat* today.
　　　「今日は**忙しくて**食べる暇がなかった」

のように、書き言葉でも問題なく用いることが可能である。なお、この〈too ＋形容詞（副詞）＋ to 不定詞〉は、「so...that ～」構文を使って、

　　○ I was *so* busy today *that* I didn't have time to eat.

のように書き換えることが可能だ。
　really および very は、どちらも「とても」という意味であり、基本的な使い方は同じであるが、両者のニュアンスの違いには注意が必要である。
　really は**やや感情的に自分の話をする場合によく使われる**。very は自分以外のことを話す時によく使われるが、**客観的な、あるいは冷静なニュアンスがある**ので、論文などで用いられることが多い。しかし、一般のビジネス文書やレポート、メールであれば、really は問題なく使える。つまり、**really は very よりも幅広く使われている**のである。

　　「今日は**とても**忙しい」
　　△ I'm *very* busy.
　　○ I'm *really* busy.

　上の例で very を使うと、なんとなく「**無機質**」な感じになってしまうため、

reallyを使ったほうがネイティブらしい英文になる。

「とても」を意味する so / too / really / very は、どうしても過剰に使用されがちである。しかし、あまりに多用してしまうと**幼稚な印象**を与えかねない。それを避けるためには、たとえば really cold「とても寒い」の代わりに、frigid（極寒の）などの1語の強調された形容詞表現を用いることがポイントになる。このような形容詞は extreme adjectives「極端な形容詞」と言われるが、以下にその例を記しておこう。

really ＋基本の形容詞	extreme adjectives	日本語訳
really angry	furious	怒り狂う、すさまじい
really bad	awful	ひどい、おそろしい
really beautiful	gorgeous	豪華な、目の覚めるような
really big	huge	巨大な
really clean	spotless	しみひとつない
really crowded	packed	ぎゅうぎゅう詰めの
really dirty	filthy	汚らしい、醜悪な
really excited	thrilled	ワクワクして、ぞっとして
really expensive	exorbitant	法外な、途方もない
really funny	hilarious	陽気な、浮かれ騒ぐ
really good	fantastic	とてもすばらしい
really good	wonderful	とてもすばらしい
really hot	boiling	煮え立つような、ぐらぐらの
really hungry	starving	餓死寸前の
really important	essential	不可欠の
really interesting	fascinating	魅惑的な
really long	endless	終わりのない、永久に続く
really old	ancient	古代の
really pretty	gorgeous	豪華な、目の覚めるような
really scared	petrified	身がすくんで、茫然自失で
really scary	terrifying	おそろしい、おそろしいほどの
really small	tiny	ごく小さい
really surprised	amazed	驚嘆した、びっくりした

really surprising	astounding	びっくり仰天させるような
really tired	exhausted	疲れ切った
really ugly	hideous	おぞましい、ぞっとするような

最後に、「とても」を含む日本語の英訳にチャレンジしてみよう。

「彼女の誠意が伝わらないのは、**とても惜しい**と思う」
- ○ It's *really/very unfortunate* that her sincerity does not get noticed.
- ○ It's *too bad* no one gets her sincerity.
- ○ It's *tragic* that no one gets her.

「期日には、**とても間に合わない**ことがわかった」
- ○ I realized that it would be *really/very difficult to meet* the deadline.
- ○ I realized the deadline was *impossible*.

「その本は**とても高かった**ので、彼には手が出なかった」
- ○ The book was *really/very expensive*, so he was unable to buy it.
- ○ The book was *too expensive* for him.
- ○ The book was *exorbitant* for him.

「レポートをめくっていたら、**とても面白い**データを見つけた」
- ○ I was looking through the report and found some *really/very interesting* data.
- ○ The report had some *fascinating* data.

「この商品に関して、クレームが**とても頻繁に**起こる」
- ○ The complaints concerning this product are *really/very frequent*.
- ○ We *get a lot of* complaints about this product.

○ This item is *causing a lot of* problems.

「注文が殺到し、**とても嬉しい**ことです」
○ We're receiving a lot of orders, which is *a really/very good thing*.
○ We're *really/very happy* with all the orders.
○ We're *ecstatic* about all the orders.

「このソフトを使うと、**とても簡単に**見積りや請求書を作れる」
○ This application can be used to *very easily* make estimates and invoices.
○ This application will make estimates and invoices *a breeze*.
　*really easily make とは言えない。また、a breeze は「とても簡単なこと」を意味する口語表現。

「送っていただいた情報は**とても参考に**なりました」
○ The information you sent was *very/ really helpful*.
○ Your information was *valuable*.

36 ●「反対（意見）」

　日本語では「反対」1語で「**意見**」「**方向**」「**面の反対（裏表）**」「**順序**」「**立場**」など、さまざまな状況を表わすことができる。この「反対」にもっともよく対応する英語の言葉は **opposite** であるが、状況に応じてほかにも表現を使い分けなければならない。
　たとえば「私**は反対**です」を英語にするのであれば、

A. We have *opposite* opinions.
B. I *disagree*.

C. I *disagree with* you.

という3つの訳が考えられる。Aは「**真反対**」の気持ちを表わすかなり強いニュアンスを持っており、**敵対関係**を思わせるような言い方になる。Bはagree「賛成する」の反意語であるdisagreeが使われているが、明確に「**私はそう思いません**」と言っているように聞こえる。さらにCのようにwith youをつければ、「**あなたとは違う**」ということを強調する言い方になる。

反対しなければならない時には、きちんと自分の意見を言う必要がある。しかし、相手に反対されるのは決して気持ちのよいものではない。そのため、**相手の気持ちを思いやった表現**を使うことを心がける必要がある。

1例をあげてみよう。

○ I *have to disagree*.

このようにhave toをつけることによって、「**本当は反対したくないのだが、そうせざるをえない**」という気持ちをしっかり伝えることができる。

with all due respectも、本来は「ためらいながらも反対する」という気持ちを伝えたい時によく使われる表現である。これは元々「**お言葉を返すようですが**」「**まことにごもっともですが**」と言ってから反対意見を述べて、**相手への敬意を示す表現**として一般的に用いられていたもの。しかし、現代においては、この言い回しは元の意味から変化し、逆に嫌味っぽい言い回しになっている。「**ひとこと、言わせてもらいますけどね**」という皮肉っぽい言い方と考えたほうがよい。

例文を通じて、相手に対して「反対」の意志を伝える英語表現のニュアンスを確認しておこう。

「すみませんが、私は**反対**です」
○ Excuse me, but I *don't see it that way*.
○ I'm *having trouble seeing it that way*.
　*see it that wayは「あなたと同じようなものの見方をする」というニュアンス。

「私が何か誤解しているのかもしれませんが、私には**わかりかねます**」
○ I must be misunderstanding something. It's *not making sense to me*.
○ Maybe I'm misunderstanding you. It's *not clear for me*.

「お言葉ですが、それが**正しいやり方とは思えません**」
○ I respect your knowledge, but I *don't think that's the right way*.
○ With all due respect, I *don't think we should do it that way*.
　* 前述のように with all due respect は「言わせてもらいますけど」のような、鋭い言葉である。

「**1つだけ気になる**ことがあります」
○ I have to *disagree on one small point*.
○ There's *just one small detail*.
　*「1つだけひっかかるところがあります」のようなソフトな言い回し。「概ね賛成している」という意味が込められている。

「理解しようとは思ったのですが、**なぜこれが**ベスト**の案なのか**わかりません」
○ I'm trying, but I *can't understand why* this is the best plan.
○ *Could you help* me *understand why* this is the best plan?

「あなたともめたくはないのですが、**イエスとは言えません**」
○ I don't want to argue with you, but I *can't say yes* to that.
○ I don't want to, but I *have to say no*.

「私が考え違いをしていない限り、**賛成はできません**」
○ Unless I'm misunderstanding something, I *can't agree*.
○ If I'm understanding this, I *can't agree*.

「あなたの**考え方を理解できるように説明を**してもらえますか」

○ Could you explain that again so I can *understand your position*?
○ Help me *understand your position*.

37 ●「……に関して（は）」

　「経費報告書に関しましては、明日Eメールでお送りします」のような日本語は、特にビジネスの現場において、ほとんど毎日のように使われている。これを直訳した Concerning / Regarding the expense report, I'll send it by email tomorrow. は文法的にも正しい英語ではあるが、ネイティブから見ると不自然に感じられる。

　実は、**concerning や regarding は対比や比較をするための表現**である。英語の感覚で言うと、たとえば**「経費報告書に関しては……」という説明の前に、何かほかの件についての説明がされていなければ不自然**なのである。そのあとで、「(それでは) 経費報告書に関しては……」という流れでなければならない。

　そのため、**冒頭に concerning や regarding が来ることはほとんどない**。文章の先頭にいきなり concerning や regarding が置かれていると、文章を途中から読んだり、話を聞いているような居心地の悪さを感じてしまうのである。さらに言えば、**concerning や regarding で始まる文はある程度の長さがないと不自然**である。前後の文章も、たったの数行だけということはまずありえない。

　それでは、例を見ていこう。

「カナダ**に関しては**明日説明します」
△ *Concerning Canada*, I'll talk about it tomorrow.
○ I'll talk *about* Canada tomorrow.

　どうしても「……に関して」という意味を出したければ、このように about をうまく使って処理するのが最善策である。

「このコンピュータ**については**昨日私がバックアップした。あのコンピュータはビルが明日バックアップする」
△ *Regarding* this computer I backed it up yesterday. Bill will back it up that computer tomorrow.
○ I backed up this computer yesterday. *Now* Bill will back it up tomorrow.
○ I backed up this computer yesterday. *And* Bill will back it up tomorrow.

「A に関しては……。B に関しては……」といった表現を英語にする場合、このように Now や And を冒頭に置くと、リズムが整えられ、読みやすい文章になる。And now … という形でも構わない。プレゼンなどでは、Now … / And …. / And now … と言ったあとで、一呼吸置くようにするといい。そうすることで、「話題が変わる」ということが、聴衆に明確に伝わるからだ。

「品質**に関しては**今から説明させていただきます」
△ *Concerning* quality, I'd like to talk about it.
○ *And now* I'd like to talk about quality.

ちなみに、concerning や regarding は冒頭に置くだけではなく、She gave a presentation *concerning* risk management. (彼女はリスクマネジメントに関するプレゼンをした) のように、**about の代用**として使うこともできるが、少し気取った感じがあるので一般的には about のほうが好まれる。ただ同じ言葉の繰り返しは好まれないので、about を連続して使う代わりに、時折 concerning や regarding を使うようにしてもいいだろう。

それでは、例文を通じて、「……に関して」という日本語を具体的に英語にしてみよう。

「このプロジェクト**に関しては**、彼が担当いたします」
△ *Concerning* this project, he'll be in charge.
○ He's in charge of this project.
○ This is his project.

*his project というシンプルな言い方で「彼が担当者である」という意味を伝えられる。

「来年の予算**に関しては**、予算委員会で検討します」
△ *Regarding* the budget for next year, the budget committee will review it.
○ The budget committee will review next year's budget.

「夏のキャンペーン**に関しまして**、ご説明します」
△ *Concerning* the summer campaign, I'd like to explain it.
○ *Now* I'd like to explain the summer campaign.
○ *And now*, the summer campaign.

「彼は社史**に関して**膨大な資料を集めました」
△ *Regarding* our company history, we gathered a large amount of material.
○ He gathered an enormous amount of information *about* our history.
○ He got a lot of information *about* our history.

「サンプリング**に関しては**、彼は専門家です」
△ *Concerning* sampling, he's a specialist.
○ He's a sampling specialist.
○ He's our sampling expert.

「次回のテーマ**につきましては**後日メールにてお知らせします」
△ *Regarding* the next topic, I'll send you an email later.
○ I'll email the next topic to you within a few days.

「今回の不始末**に対しましては**、心よりお詫び申し上げます」
△ *Concerning* the mismanagement of this project, we sincerely apologize.

○ We apologize for our poor management of this project.
○ We're very sorry for our mismanagement.
　*Concerning... を用いると、「今回の不始末に**対してだけは**、謝りますけど……」という解釈が成立してしまうおそれがあるため、ほかの2つの言い方を用いたほうがよい。

「わが社では、人事**に関しては**社長がすべての権限を握っています」
△ *Regarding* human resource issues, the president holds all the authority.
○ The president has all the authority *over* HR issues.

38 ●「人々」

　ネイティブの感覚からすると、日本人の英文にはpeopleという言葉が必要以上に使われるように思われる。日本人にとってpeopleは「人々」という意味であるが、実はネイティブにとって、peopleは**「動物ではなく人」というニュアンス**なのである。
　また、peopleが可算名詞扱いの場合には「一国の国民」や「人種」を指すこともあるため、その適切な使い分けはネイティブにも煩雑である。そのため、ネイティブは、「人々」をほかの言い方に置き換えることによって、**peopleという単語の使用をなるべく避けようとする**傾向がある。
　たとえば、「人々はそのCMに影響を受けた」という表現を英語にする場合、

△ *People* were influenced by the commercial.
○ The commercial influenced viewers.
○ Everyone was influenced by the commercial.
○ We were all influenced by the commercial.

といった文例が考えられるが、peopleを主語にすることを避けるために、ネ

「人々」

イティブはありとあらゆる手段を講じる。2番目の文のように主語を「CM」に置き換えてみたり、people の代わりに「全員」という意味の everyone や we を用いたりするのだ。

> 「そのコマーシャルが長すぎると感じた**人**もいたが、短すぎると思った**人**もいた」
> ○ Some *people* thought the commercial was too long. Other *people* thought it was too short.
> ◎ *Some* thought the commercial was too long. *Others* thought it was too short.

上の例では、some と other を組み合わせて使うことで、people をうまく消去している。
次の文を見てほしい。

> 「世界には英語を話す民族は 50 以上いる」
> ○ There are over 50 English-speaking *peoples* in the world.

people に s がついていることに違和感があるかもしれない。日本人の頭の中には people は複数形にしないという固定観念が出来上がっている。しかし**「国民、民族」**という意味になる場合には、「可算名詞」扱いになる。そのため、「複数の国の国民」「複数の民族」について言及する場合、複数形の peoples という形が得られるのだ。

people は無冠詞で使われることが多いが、以下のように冠詞をつけて用いることもある。

> 「アメリカ人はフレンドリーな**国民**だと思う」
> ○ I think Americans are *a* friendly *people*.

この people はアメリカという 1 つの国の国民という意味である。つい忘れてしまいがちだが、**可算名詞の単数形なのだから、必ず不定冠詞を付けること**。

「新しい大統領は**民衆**の味方である」
○ The new President is a man of *the people*.

この people は「**一般民衆、大衆**」という意味で、普通は定冠詞をつけて the people にする。リンカーンのゲティスバーグ演説の government of *the* people, by *the* people, for *the* people（人民の、人民による、人民のための政治）という有名な一節でもおなじみだ。

「王と**国民**は、王妃の死を悲しんだ」
○ The king and *his people* were saddened by the death of the queen.

このように「**臣民、部下、手下**」の意味で people を使う時は、「人の所有（物）」であると考えるため、所有格をつけることがある。

なお、「人々」という日本語は、冒頭に述べたように、可能な限り people 以外の表現を使うのがネイティブらしい英語を書くためのポイントになる。以下、people 以外の「人々」をどのような英語にしたらいいか、確認しよう。

「政治家はつねに**民衆**の味方でいなければならない」
○ Politicians must be on the side of *the citizens*.
○ Politicians need to stand by *the citizens*.
　＊この the citizens は the people と同じニュアンスである。

「**旧グループに属す人々**は、未だに計画を諦めようとしない」
○ *The old group* refuses to give up on their plan.
○ *The old group* is holding onto their plan.
　＊The old group は、The old group of people を省略したもの。

「**公務員の多く**は、国をリードする気概に溢れている」
○ *Plenty of civil servants* have a strong desire to lead the country.
　＊直訳調の Plenty of people called civil servants... でも間違いで

はないが、少しまわりくどい感じになってしまう。

「**英語を話す人たち**は、考え方もオープンなところがあります」
○ *English speakers* are often more open-minded.
○ *English speakers* tend to be open-minded.
  *English speakers=People who speak English. このように、「……する人」という意味を持つ接尾辞の -er をうまく活用すると、people を使わずにすむことが多い。

「世界では、**多くの人**が飢餓や病気に苦しんでいる」
○ The world is *full of* the hungry, the sick and the suffering.
○ Hunger, sickness and pain are *common* in the world.
  * The world is full of *people* who are hungry, sick and in pain. でももちろん構わないが、上の英文は"the＋形容詞"「……な人々」を用いて、そして下の英文では抽象名詞を擬人化して用いることによって、効果的に people を省いている。

「**政界で活躍している人**は、エリートと呼ばれています」
○ *Those active in political circles* are said to be the elite.
○ *The politically active* are the elite.
  *those には「……な人々」という意味がある。また、下の文の the politically active は"the＋形容詞"の形、すなわち「政治的に活発な人々」という意味である。

39 ●「言う」

「……と言った」という表現は一見シンプルであるが、シンプルであるがゆえにさまざまな問題を起こしてしまう可能性がある。しかし、**文章の客観性を保つためにも、この「誰が言ったのか」を示すための表現は正しく使いこなさ**

なければならない。

　まずは、基本のパターンを確認しておこう。たとえば、「彼は打ち合わせに行けないと言った」という文を英語にする場合、

　　A. He said, "I can't go to the meeting."
　　B. He said he couldn't go to the meeting.

という2つのパターンが考えられる。Aのように、発言を引用符に入れて示すのが**「直接話法」**、そしてBのように従属節としてまとめてしまうのが**「間接話法」**である。

　実は、上記の場合、直接話法は不自然である。この話法を使うのは、どうしても**発言部分を引用する必要がある場合**に限られるからだ。すなわち、その人が言った内容の一字一句を正確に伝えなければならない場合、たとえば裁判用資料や新聞記事で主に用いられている。

　また間接話法の He said he couldn't go to the meeting. には、注意すべき**「裏の意味」**がある。実は、これは単に「彼は打ち合わせには行けないと言った」という意味ではなく、「彼は打ち合わせには行けないと言ったけど……」、すなわち**「彼は打ち合わせには行けないと言ったけど、実際にはそうではないんだろう」**（つまり、「行ける」と思っている）というニュアンスが含まれる場合があるのだ。

　では、一体どうすればいいのだろうか？　**ネイティブは通常、He said の部分を省いてしまい、He can't go to the meeting. という客観的事実だけを伝える**。誰が言ったのかどうかを知ることが問題になるなら、相手は How do you know?「なぜわかるの？」と聞いてくるはず。その場合には、He said so.「本人がそう言ったからね」と答えればよいのだ。

　もう少し例を見てみよう。「彼は『時間どおりに終わらせた』と言ってたよ」という日本語を「教科書どおり」に英語にすると、

　　He said he had finished on time.

となる。なお、ネイティブによっては、過去完了形を使わずに、

He said he finished on time.

とする人も多い。残念ながら、こうした英文は、上で述べたような「彼は時間どおりに終わらせたと言った」という意味にはならない。実際には、「彼は時間どおりに終わったと言った（が、私は違うと思う）」、つまりは「**あいつ、結局時間どおりにできなかったんだよ**」という意味に解釈されてしまうおそれがあるのだ。

△ *He said* he didn't steal the money.
　思い込み：**彼は**お金を盗んでいないと**言った**。
　実際の意味：彼、お金を盗んでないと言ってるけど、盗んだんだろうね。

△ *She said* she loves you.
　思い込み：**彼女**は君のことを好きだと**言った**。
　実際の意味：彼女、君のことが好きだと言ったけど、違うようだ。

△ *They said* they'd call me back.
　思い込み：折り返し電話をかけてくれると**言った**。
　実際の意味：折り返し電話をかけてくれると言ったのに、全然電話が来ない。

このように、He said... や She said... の表現には「**疑いの気持ち**」が込められてしまうことがある。すべての場合に「裏の意味」が勘ぐられるというわけではないが、そのニュアンスが感じられることが多いのが事実である。

要らぬ誤解を回避するのは said を **says** にすること。文法的には誤りだが、過去の話題に触れた発言であっても現在形の says を使うことで「裏の意味」は解決される。

○ *He says* he didn't steal the money.
　「**彼は**お金を盗んでないと**言っている**し、私も盗んでいないと思う」

○ *She says* she loves you.

「**彼女は**君のことが好きだって**言っている**し、信じたらいいと思う」

○ *They say* they'll call me back.
「電話を返してくれると**言った**し、電話を待ちますよ」

　また、以下の例のように、ネイティブは「……と言った」という意味を **goes** を用いて表わすことがある。

○ I gave her some roses, and she *goes*, "Did you cheat on me?"
「彼女にバラを贈ったら、彼女**ったら**『何か私を裏切るようなことでもしたの？』と**来た**よ」
*cheat on me は、この場合「浮気する」の婉曲表現。

○ Then I said I was going to quit, and he *goes*, "I'll double your salary."
「で、私が辞めるって言ったら、彼、『給料を2倍にする』**だって**」

　ここで使われている goes は、訳でも示したように、「彼女（彼）ったらこう来たよ」のような非常にカジュアルなニュアンスである。会話が盛り上がった場合や、驚きを表わす場合に使われる表現なので、会議のような「冷静な言葉のやりとりをする場」ではなじまない。時と場所をわきまえて用いるようにしよう。
　ある程度の英語上級者は、「言う」という日本語の訳として **mention** を好んで使う傾向があるようだ。しかし、この単語は**メイントピックを述べたり、重要なことを言う場合には使われない。**

「**社長は**スピーチの中で会社は中国に事業を拡大すると**言った**」
△ The president *mentioned* in his speech that the company would expand into China.
○ The president *talked about* expanding into China.

「言う」

　上記の例では、もし「中国に事業を拡大する」という話がスピーチのメイントピックであれば、mention の使用は避けるべきである（まるで、「ついで」に述べているかのような感じになってしまう）。2番目の英文のように talk about... を用いるのが無難だ。
　なお、mention は、

　　○ He didn't *mention* money.
　　「**彼は**お金のことは何も**言わなかった**」

　　○ I'd prefer that you not *mention* that.
　　「その件に関しては何も**言わないで**ほしいんです」

　　○ Don't *mention* it.
　　「それを**言わないで**」→「どういたしまして」

などのように、**否定形で使われることが多い**。
　最後に、「言った」という表現の場面や状況に応じた使い分けの実際を、例文をとおして見ておこう。

　　「来週会議がある、と先方は**言った**」
　○ The client *told us about* a meeting next week.
　　＊もっとも普通に用いられるパターン。
　○ The client *mentioned* a meeting next week.
　　＊「あまり重要なことではないが……」というニュアンスがある。
　○ The client *says* we'll have a meeting next week.
　　＊「だから、いつもと変わらずに会議を行ないます」というニュアンス。
　○ The client *talked about* having a meeting next week.
　　＊話のメイントピックとして述べる場合。
　○ The client *said* we'll have a meeting next week.
　　＊「こうは言っていたけれども、今は予定が変わっているかもしれない」という含みがある。
　○ The client *said*, "We'll have a meeting next week."

＊クライアントの発言は何らかの「証拠」として述べられている。
- ○ The client *goes*, "We'll have a meeting next week!"
  ＊会話の盛り上がりの中で言う。
- ○ We have a meeting with the client next week.
  ＊これで（何の誤解もなく）正確に意味が伝わる。

「**彼女は**会社の未来が心配だと**言った**」
- ○ She *told us* she's worried about the future of the company.
  ＊もっとも無難な言い方。
- ○ She *mentioned* that she's worried about the future of the company.
  ＊「あまり重要なことではないが、彼女はこう言っていた」というニュアンス。
- ○ She *says* she's worried about the future of the company.
  ＊「つねに心配している」という意味になる。
- ○ She *talked about* her worries for the future of the company.
  ＊これが話のメイントピックであることを示している。
- ○ She *said* she was worried about the future of the company.
  ＊「こうは言っていたけどでも、今は心配していないかもしれない」という含みが生じる。
- ○ She *said*, "I'm worried about the future of the company."
  彼女の発言は何らかの「証拠」として述べられている。
- ○ She *goes*, "I'm worried about the future of the company!"
  ＊会話の盛り上がりの中で言う。
- ○ She's worried about the future of the company.
  ＊これで（何の誤解もなく）正確に意味が伝わる。

40 ●「明らかに」

　形容詞に接尾辞の -ly を付けると副詞になるが、その際に意味ががらりと変わってしまう単語がある。apparent「明らかな」は apparently という副詞になると**ほとんど正反対**の意味になる。
　例文で比較してみよう。

　　「彼が家を売ってフランスに引っ越したのは**明らかだ**」
　　× He *apparently* sold his house and moved to France.
　　○ *It is apparent that* he sold his house and moved to France.

　He *apparently* sold ... の文は、「彼は（どうも見たところ）家を売ってフランスに引っ越したらしい」という意味になる。apparently が「**推測**」「**憶測**」であるのに対し、apparent は「**断言**」しているのだから、両者はほぼ正反対の意味である。

　　「彼女が医療分野で働きたがっているのは**明らかである**」
　　× She *apparently* wants to work in the medical industry.
　　○ *It is apparent that* she wants to work in the medical field.

　She *apparently* wants ... の文は、「彼女はどうやら医療分野で働きたいようだ」という意味になる。
　apparently はニュース英語でよく使われ、英字新聞などで見かけることもとても多い。

　　○ The robber *apparently* broke into the bank at night and got away with $2 million.
　　「その泥棒は夜中に銀行に押し入り、200万ドルを盗んで逃走した**模様である**」

○ He *apparently* took money from the company and gambled it away.
「彼は会社から金を盗みギャンブルに使い果たしてしまった**ようだ**」

○ The President *apparently* doesn't trust his own cabinet.
「大統領は自分の閣僚を信じていない**ように思われる**」

　ニュースなどでは、確固たる証拠がない場合には、公明さを保つためにも「断言」を避けることが推奨される。その場合に、この apparently が使われるのである。
　これに対して、apparent はあくまでも「強調」の意味である。なお、apparent を使わずにストレートに述べた場合にも、意味が強調されることがある。「明らか」の訳出パターンを、以下の例で確認しておこう。

「今年は、昨年の収入を下回ったのは**明らかです**」
○ It's *apparent that* his pay is below that of last year.
○ He *clearly* made more last year.
○ His income dropped this year.
　＊この3番目の訳例のように、ストレートに断言することでも、「強調」の効果をもたらすことができる。

「**明らかに**、あの店が町いちばんの人気店だ」
○ It is *apparent that* that store is the most popular one in town.
○ That's *by far* the most popular store in town.
○ They're *busier than anyone else*.
　＊by far や busier than anyone else といった表現を用いることによって、意味を強調し、「明らかである」というニュアンスを込めることができる。

「彼より彼女のほうが歴史の知識が上であることは、**誰の目にも明らかである**」

「明らかに」

- *It's apparent to everyone that* she has more knowledge about history than him.
- *No one doubts* she knows more about history than him.
- *She knows* more history than him.

「他国の報道は、**明らかに**悲観的な見解だ」
- *It's apparent that* reports from other countries are pessimistic.
- Foreign reports are *obviously* pessimistic.

「彼がこのチームの屋台骨だったことは**明らかだ**」
- *It's apparent that* he was the foundation of the team.
- *I have no doubt that* he was the bedrock of the team.

「彼がマスコミから非難を浴びたのは**明らかだ**」
- *It's apparent that* he was criticized by the media.
- The media was *plainly* critical of him.

「ABC 社にとって、**明らかに**この夏がいちばんの山場になるだろう」
- For ABC, *it's apparent that* this summer will be the turning point.
- This summer will *decide* the future for ABC.
- It's *make or break* for ABC this summer.

  *2番目の文では decide「決定づける」を用いて、「夏」の重要性を強調している。3番目の文の make or break は「成功を左右する」という意味である。

41 ●「出来事」

「出来事」と happening は、日本人にとってはイコールである。もちろんそれは間違いないが、日本語の「出来事」ほど、英語で happening という名詞が使われることはないと考えてもよい。名詞の happening は**すでに死語になりつつある**と言えるかもしれない。もちろん、意味などの条件が合えばまだまだ使うことができる。この単語がだんだん使われなくなっている理由はいろいろ々あるが、意味が混乱しやすいことに大きな理由がある。

たとえば、次の文を見てみよう。

△ He talked about that *happening*.

この文には2通りの解釈が存在する。1つ目は「**彼はその出来事について話した**」である。そしてもう1つの可能な解釈は「**彼はそれが起こったことについて話した**」というもの。1つ目の解釈では happening を「出来事」という意味の名詞としてとらえているが、2つ目の解釈では happening を that「そのこと」を修飾する**現在分詞**としてとらえている。

このような混乱を避けるには、**happening をほかの名詞で置き換える**ことだ。たとえば日本人にもなじみ深い event に置き換えて、He talked about that event. という英語にしてもいいだろう。

日本人の感覚では happening と event は別なものかもしれないが、この2つはほぼ同義語であると考えてもいい。

しかし、もう少し工夫をすることによって、happening や event を使わずに「出来事」を表わすこともできる。そして、そのような英語にしたほうが、ネイティブに通じやすい、シンプルな英語になるのだ。

happening や event を用いずに「出来事」を表現する手法を、例を通じて見てみよう。

「その発表は、その業界で大きな**出来事**として記憶されている」
○ The announcement is remembered as a big *event* for the in-

「出来事」

dustry.
◎ Everyone in the industry remembers that announcement.
　＊受動態を能動態に転換することで、event を使わずに英語にすることができる。

「その日の**出来事**がニュースになった」
○ The *events* of that day became news.
◎ The news reported on *what happened*.

「その年に起こった経済関連の**出来事**を覚えていますか？」
○ Do you remember the economical *events* of that year?
◎ Do you remember *what happened* in the economy that year?
　＊「出来事」とは「起こったこと」であるから、このように what happened という形でシンプルに言い表わすことが可能である。

「あのブームは、この国にとって記念すべき**出来事**だった」
○ That boom was a memorable *event* for this country.
◎ That fad was a big *thing* for Japan.
　＊a big thing は「一大事」「大事件」

「ビル・ゲイツに出会えたことは、彼にとって重要な**出来事**だった」
○ Meeting Bill Gates was an important *event* for him.
◎ *Meeting* Bill Gates *changed* his life.
　＊「重要な」を「人生を変えるような」と意訳し、「……が人生を変えた」としている。

「どんな**出来事**も、彼女はすんなり受け入れてきた」
○ She accepted all *events* without any trouble.
◎ *Nothing bothered* her.
　＊nothing bother... は「……はどんなことにも悩まない」というニュアンス。

「事件の発端は、取るに足らない**出来事**でした」
○ The incident began with an insignificant *event*.
◎ It all started with a trivial *thing*.
*26 ページでも見た It all started with... というクリーシェを使って処理するパターン。

42 ●「……する必要がある」

「……する必要がある」という日本語に相当する英語の表現として思い浮かぶのは have to / need to / must である。この３つとも同じ意味であると考えている人も多いようだが、**ニュアンスには明らかな差異が存在し、ネイティブは無意識のうちに使い分けている。**

この中で、**いちばん使用頻度が低いのは、実は must** である。特にアメリカ英語では、実はほとんど使われないと言ってもいい。must は、そもそも日常の出来事に対してはほとんど用いられない助動詞である。

たとえば、「駅に行かないといけない」「Eメールを送らないと」と言いたい時に、

△ I *must* go to the station.
△ I *must* send this e-mail.

と言ってしまうと、かなり不自然な印象を与える。must はフォーマルなスピーチや文書で使うのが基本。たとえば、

○ We *must* save this planet!
「この星を救わねば**ならない**！」

のように、正義感や使命感が溢れる発言で使ったりする。そのため、日常会話で must を気軽に使うと、ネイティブの耳にはすごく「**大げさ**」に響いてしま

「……する必要がある」

うのだ。
　つまり、ネイティブが「……する必要がある」という時には、基本的にhave to あるいは need to のどちらかを使っているのである。これらは大きなニュアンスの違いがあるので、適切に使い分けるようにしたい。
　実は、have to には「**本当は嫌なのだが、……しなければならない**」というニュアンスが含まれる場合がある。need to には、そのようなニュアンスは含まれない。例文で違いを見てみよう。「コンピュータを直さなければならない」という文を英語にしてみると、

　　A. I *have to* fix my computer.
　　B. I *need to* fix my computer.
　　C. I *must* fix my computer.

のようになるが、これら3つの文のニュアンスの違いを考えてみてほしい。Aは「**そうしたくないけど、コンピュータを直さなければ**」というニュアンス。Bは含みのない「コンピュータを直さなければならない」という文である。Aを使った場合、その人はおそらく「パソコン自体が嫌い」であることが想像できる。なお、Cであるが、こちらはたとえば「**コンピュータを直さなければ地球がほろびる**」ぐらいの「大げさ」な響きになる。
　なお、have to ばかり使ってしまうと、まるで、いつも人からプレッシャーをかけられており、「仕方なくやらされている」「嫌々やっている」という印象を与えてしまう。そのため、**なるべく need to を使うようにしたほうがいい**かもしれない。
　しかし、have to を使ったほうがいい場合もある。下の例を比較してみよう。

　　「会議を中座**しなければならないのです**」
　　◎ I'll *have to* leave part way through the meeting.
　　○ I'll *need to* leave part way through the meeting.

　この場合は、have to を使ったほうが相手に伝わる印象はよくなる。have to は「嫌々ながら」という意味であるから、「**本当はそうしたくないが、……せざるをえない**」、つまり「**残念だ**」**という気持ち**を込めることができる。その

ため、I'll have to leave part way through the meeting. は、「どうしても会議の途中で帰らないといけないが、本当は残りたい」という意味になる。

なお、have to / need to「……しなければならない」を使う代わりに、「しなければならないこと」を「**……するつもりだ**」という形で示すこともできる。

「金曜日までに終わらせ**なければならない**」
△ I *have to* finish by Friday.
○ I *need to* finish by Friday.
◎ I'*m going to* finish by Friday.

実は上記の３つの言い方のうち、いちばん前向きなのは I'm going to... である。「『やらなきゃ』じゃなくて、『やる』んだよ！」という、固い決意が伝わってくる。たとえばチームのリーダーが使いそうな一言である。

さて、最後に「……する必要がある」「……しなければならない」を含む日本語をそれぞれ英語にしてみよう。

「当面私が**やらなければならない**ことは、社内の意見調整である」
○ For now, I *need to* correlate the opinions within my company.
○ *My job* now is to get all our ducks in a row.
　＊このように「やらなければならないこと」を job（仕事・責務）で表わすことができる。get one's ducks in a raw は「意見を調整する」という意味のイディオム。

「彼は、いつも**しなければならない**以上の仕事をこなしている。
○ He always does more than *required*.
○ He always *goes the extra mile*.
　＊go the extra mile は聖書の言葉で「ものを１マイル運ぶことを命じられたら、さらにもう１マイル運ぶ」→「必要以上のことをやる」「一層の努力を積む」。

「今日中に契約書を取りまとめて、先方に送付する**必要がある**」
○ We *need to* complete the contract and send it to the client

by the end of today.
- Today's the *deadline* for finishing up and sending the contract.

  *deadline とは「何かをしなければならない日」なので、have to / need to の意味が含まれている。

「**必要に迫られる**時、意外とよいアイデアが浮かぶ」
- When *it's really necessary*, you can come up with some surprisingly good ideas.
- *Pressure* helps you come up with some unexpected ideas.

「このプロジェクトを成功させることが会社の将来にとって**必要なこと**だ」
- The success of this project is *necessary* for the future of our company.
- Our future *depends on* the success of this project.

「今**する必要のない**ことは、あと回しにしよう」
- Let's delay everything that is *not required* that we do now.
- Put off everything you can.

  *2番目の訳は「あと回しにしても構わないことは、すべてあと回しにせよ」ということ。

「**必要があれば**、追加予算についてかけ合わなければならない」
- *If it's necessary*, we will have to make additions to the budget.
- We'll need to make additions to the budget *if that's what it takes*.

  * この what it takes は、ここでは what it takes in order to succeed「成功するために必要なこと」というニュアンス。

43 ●「活動」

　「火山活動」や「クラブ活動」などなど、日本語では「活動」という言葉が、かなりの頻度で使われている印象がある。この「活動」という言葉を、英語に訳そうとする場合、もちろん第一選択は **activity** であるが、多くの場合、この語をわざわざ含めなくても、英語として成立する。

　「弊社は新領域へと**活動**を広げています」
　△ We're expanding *activities* into new fields.
　○ We're expanding into new fields.

　「営業**活動**を行ないました」
　△ We carried out sales *activities*.
　○ We carried out sales.

　「就職**活動**が終わりました」
　△ My job hunting *activities* have finished.
　○ My job hunting has finished.

　上記の例文をそれぞれ比較してみると、**activities を使わないほうが自然な英文**になっていると言える。そもそも、英文ライティングにおいては、「余剰な（redundant）情報」を入れることはご法度である。必要以上に、英文を複雑にしてしまわないように、**「入れなくてすむ要素」はなるべく省いてしまう**ようにしたい。

　さらに言うと、上で見た We carried out sales.／My job hunting has finished. も、実はそれほど「いい英文」ではない。なぜなら、sales や hunting という「名詞」は、sell／hunt という「動詞」の意味をすでに含んでいるからだ。そのため、ネイティブには**「動詞を重ねて使っている」**ような印象を与えてしまい、これも redundant な感じになってしまうからだ。

　というわけで、ベストの処理方法は、

◎ We *sold* automobile parts in China.
「中国で自動車部品を**販売しました**」

◎ I'm no longer *looking for* a job.
「もう仕事は**探していません**」

のように、「活動」という言葉を省いた上で、「**……をする**」「**……を行なう**」**という意味の動詞を用いず「具体的」に表現する**ことである。
　「活動」という言葉を含む日本語をどんな英語にしたらいいのか、実際の例を通じて最後に見ておくことにしよう。

「ワーキンググループの**活動状況**については1日に1回報告するように」
△ Make sure you give me a report on the *activities* of the working group once a day.
○ Make sure you report on the *progress* of the working group once a day.

「新本社の開設にともない、わが社も**活動範囲**を大幅に広げるつもりだ」
△ We are planning to expand our *business activities* when we open our new headquarters.
○ We're going to expand our *scope* when we open our new headquarters.
＊いちばん目の例文は、activities を省いて、expand our business と言っても意味は変わらない。

「この**プロジェクト活動**の予算は200万円に限られている」
△ The budget for this *project's activities* is limited to 2-million yen.
○ There's a 2-million yen budget limit on this *project*.

「わが社の**広報活動**の成否は、君たちにかかっている」

△ The success or failure of the *publicity activities* is your responsibility.
○ The success of our *publicity* is on your shoulders.
　*on your shoulders は「君たちの肩にかかっている」→「君たちの責任だ」の意味。

「彼は生え抜きの労働組合の**活動家**だ」
○ He's a born and bread union *activist*.
○ He's a *union man*.
　*「活動家」というと「重たい」イメージがつきまとうので、それほど政治的な意味を込めたくなければ、下の訳のように activist を用いないで訳したほうがいいだろう。

「彼女はつねに**活動的**で、新しいことに挑戦している」
○ She's *actively* looking for new things to do.
○ She's passionate about new challenges.
　*actively の代わりに、下の英文のように passionate を使う手もある。

「私のスキルを生かす**活動の場**がほしいといつも思っている」
△ I am constantly looking for *a place of activities* where I can use my skills.
○ I'm always looking for *a place* to use my skills.
　* a place of activities は問題なく通じるものの、やや不自然。下の英文のように、単に place としたほうが自然である。

44 ●「使う」

「使う」という日本語を英語にする場合、ほとんどの日本人はまず use を思い浮かべるだろう。use はとてもシンプルでわかりやすく、「ストレート」な

単語である。しかし、英語の use は、日本語の「使う」ほど「万能」に用いることができない、とぜひ覚えておこう。

たとえば、「非常時には、ハンマーを使ってドアを開けてください」を英語にするとどうなるだろうか。「非常時に」は in an emergency である。そして、「使う」には use を適用すると、

△ *Use* a hammer to hit the door and open it in an emergency.

という訳が完成する。これは別に間違いではないが、なんとなく「まわりくどい」感じが否めない。これは、use / hit / open という、わざわざ3つの動詞表現を使っているため。このまわりくどさを解消するには、

○ *Hammer open the door* in an emergency.

のように言えばよい。この hammer open という表現は「……をハンマーで(叩き割って)開ける」という意味である。このように、**use を使わずにすむ、もっとネイティブらしくてわかりやすい言い回しがある時には、積極的に用いたほうがよい。**

もう1つ、別の例も見てみよう。「この部屋は倉庫として使われている」という日本語を、適切な英語にしてみよう。まず、直訳的に処理すると、

△ This room *is used* as a storage room.

という英文が完成する。しかし、これはあまりにも野暮ったい。思い切って、use を使わずに、こんなふうに言ってみてはどうだろうか。

△ This room is a storage room.

単に be 動詞でつなぐだけで**「この部屋がなんであるのか」**を示すことができるので、結果として use を使わずにすむ。なお、実はこの文も、あまりいいとは言えない。room という言葉がダブってしまっているからだ。というわけで、

○ *This is* a storage room.

が、もっともすっきりした、ネイティブらしい英語である。

　また、日本語では「人を使う」という言い方を問題なく用いることができるが、英語の use の場合、文脈によっては「**人を悪用する（abuse）**」という意味になることが多いので、注意しよう。たとえば、「私を使ってください」というつもりで、Please use me. と言ってしまうと、「私を悪用してください」という意味になってしまう。

　もし、「人」に対して use を使いたければ、

　　「彼は（うまく）部下を**使って**いる」
　　○ He *uses his employees' skills*.
　　× He *uses* his employees.（＝ He abuses his employees.）

のように、**skills / talents / knowledge** などを目的語にすべきである。そうすれば、「才能を活かす」のようなニュアンスになり、問題なく用いることが可能だ。

　「使える」を含む、さまざまな日本語を、実際に英語にしてみよう。柔軟な発想を用いて、use 以外の表現も積極的に使うようにしたい。

　　「彼は新入社員だが、**使える**人間だ」
　　○ He's a new employee here, but we can *use his talents*.
　　○ He's new here, but he's *a big help*.
　　　＊このように、日本語の「使える人材」は、実は「直訳」が可能である。ただし、前述したように、「人」を目的語にするのは避けること。

　　「このプリンターは、ファックスとしてもまたコピー機としても**使える**」
　　○ *We can use* this printer as a fax machine and a copy machine.
　　○ This printer *can* both fax and copy.
　　　＊…can be used という「受け身」の形にしてもいいが、文法的に必要以上に複雑になってしまうため、「一般」を指す We を主語にする。

「使う」

「**使える**機能は少ないが、使いやすい」
○ It doesn't have many functions that *we can use*, but it is easy to operate.
○ It doesn't have many *functions*, but it's simple.

「彼は**人を使う**よりもむしろ**使われる**ほうが上手だ」
○ Instead of *managing people*, he's better at working as a *subordinate*.
○ He's better at *following* than *leading*.
　*「人を使う」は、このように manage を使って表現するのが一般的。「(人に) 使われる」は、「部下として働く」ということなので、work as a subordinate とすることが可能。

「社員の休憩室として**使われて**きたこの部屋は明日からは倉庫として**使われる**」
○ This room *was used* as a break room by the employees, but from tomorrow it will *be used* as a warehouse.
○ This break room will *become* a warehouse tomorrow.

「若手を数人**使って**、君がプロジェクトを主導してください」
○ I'd like you to *use the help of* some of the younger employees and be the leader of this project.
○ I'd like you to head up this project *with* some of the younger employees.
　*上のほうの例文では、younger employees を use の直接の目的語にしないで、help を入れていることがポイント。

「これは**頭を使う**作業だ」
○ This job requires that you *use your head*.
○ This job takes *some thinking*.
　*下のほうの例文にある take は、「必要とする」という意味。

「わが社は光ファイバーを**使っている**」
○ We *use* an optic-fiber Internet connection.
○ We *have* an optic-fiber.

45 ●「本来（の）」

　「本来（の）」という日本語は、originally を用いて訳されることが多い。この訳で問題が生じないケースも多いが、日本語と英語のニュアンスの違いによって、誤解が生まれてしまうこともある。
　たとえば、「あなたは、本来の能力を発揮できていないようですね」という日本語を英語にしてみよう。これを、そのまま素直に、

　　× It doesn't look like you're using the skills you *originally* had.

という英語にしても、ネイティブには通じない。実は、originally には「**昔は持っていたが、今はない**」というニュアンスがある。そのため、上記の文は「昔はもっていたけど今は持っていない能力を使っていないよね」という意味になってしまう。「持っていない能力」を使うことなどできないから、意味がまったく通じない。
　というわけで、「あなたは、本来の能力を発揮できていないようですね」を英語にする場合、「本来の能力を発揮できていない」を「**能力を最大限に発揮できていない**」という意味に再解釈して、

　　○ You're *not making the most of your abilities*.
　　「あなたは、**能力を最大限に発揮できていません**ね」

のようにするのがベストだろう。make the most of... は「……を最大限に活かす」という意味である。あるいは、文脈によっては

○ *Give it your best*!
「ベストを尽くして！」

のような言い方を用いる場合もあるだろう。
他にもたとえば、

○ I *originally* planned to work in Osaka.

という文は「最初は大阪で働くつもりだったが、**あとで予定が変わった**」という意味になる。
　また、思い切って originally 自体を省いてしまっても、意味がほとんど変わらない場合もある。以下の例文で確認してみよう。

「この製品は**本来**、警察の仕事を助けるために開発された」
○ This product was *originally* developed to help police.
○ This product was developed to help police.

上の2つの例では、originally があってもなくても、意味にはまったく違いがない。この例のように、「**本来は……だったが、今はそうではない」という意味を強調する必要がない場合**は、originally を省くことを検討してみよう。
　それでは「本来」を含む日本語の文を、実際に英語にしてみよう。

「仕事とは**本来**どういうものなのでしょうか？」
○ What should a job *really* be?
　＊このように、「本来」は really が適訳になるケースもある。

「**本来**、この機器は個人向けに作られていた」
○ This device was *originally* made for use by individuals.
○ This device was *first* made for individuals.
　＊「本来は」→「元々は」→「最初は」ということで、first を使って英語にできる場合もある。

「忙し過ぎて、われわれは**本来の目的**を忘れてしまっている」
- We've been so busy that we have forgotten what our *original goals* were.
- We're so busy that we have forgotten *what we're all about*.
  *what we're all about は「本来のあるべき姿」というニュアンス。

「私たちは今**本来の姿**に立ちもどる必要がある」
- We need to return to our *original form*.
- We need to go back to *our roots*.
  *2番目の文は our original roots でも構わないが、意味が若干重複してしまうため、our roots だけのほうが自然。

「このキャンペーンは**本来**夏に行なわれるものだった」
- It was *originally* decided that this project would be carried out next summer.
- This campaign *was going to be* for next summer.
  *was going to be には、このように「本来違っていた」というニュアンスが含まれる場合もある。

「**本来であれば**、私が行かなければなりませんが、スケジュールの都合で無理です」
- We *originally* planned on me having to do this, but it is impossible due to my schedule.
- *Actually*, I'm supposed to do this, but my schedule won't allow it.

「ABC社が**本来持っていた**創造性がなくなりはじめているのだと思います」
- I think that ABC is beginning to lose the creativity *that it originally had*.
- It seems that ABC is losing the creativity *it once had*.

「**本来**人は他人のために尽くすものなのです」
- People *should* be of service to each other as they *originally* were.
- People *should* be of service to each other.
  *should には「するべきだが、実際にはそうではない」というニュアンス、つまり「本来（のあるべき姿）」という意味が含まれている。

「この言葉の**本来の**意味はなんですか」
- What is the *original* meaning of this word?
- How *did* this word *come about*?
  *2番目の文は「この単語は、どのようにして生まれましたか」が直訳。

「**本来**これは私たちの業務ではなかった」
- *At the beginning of* this project, this wasn't our responsibility.
- This *wasn't supposed to* be our responsibility.

46 ●「仕事」

　work と聞くと「仕事」という意味がすぐに連想されるが、work に実はさまざまな意味がある。work は、多くの日本人が使いこなせていない単語の代表例の1つである。もちろん、work の「コア」となる意味は「仕事」である。たとえば、こんなふうに用いる。

- I have to go to *work* today.
  「今日は**仕事**に行かないといけないんだ」

このように「**仕事**」という意味で用いる際には、**冠詞を付けない**で使うのが基本。I have to go to *my work*. とは言えない。

work に冠詞が付くと、まったく異なる意味になってしまう。a work は、「**芸術作品**」（**a work of art**）といった「**作品**」という意味になる。

○ I have *a work* by Picasso.
　「私はピカソの**作品**を持っています」

なお、作品が「複数」ある場合には、

○ I have *two works*.
　「私は**2つの作品**を持っています」

のように、**複数形の works** という形になる。なお、複数形の works には「**工場**」という意味もある。これは、plant や factory とほぼ同じ意味であるが、works のほうが**大きな工場**をイメージさせる。

動詞の work の用法もチェックしておこう。work は主に「**働く**」という意味で用いられるが、work は基本動詞の1つでもあるため、句動詞としてもとても便利に用いられる。

たとえば、work out は「**物事がうまく進む**」「**解決する**」という意味である。

○ His plan *worked out* well.
　「彼の計画は**うまくいった**」

○ I have to *work out* a math problem.
　「数学の問題を解かなくては」

また、Things will work out. なら、「なんとかなるさ」という意味になる。work out には、これ以外にも「**運動する**」という意味がある。特に、汗をかくような激しい運動に対して用いられる。

○ I'm going to the gym and *work out* today.
　「今日はジムに行って**運動します**」

なお、work out を1単語（workout）にすると、「運動」という意味の名詞になる。

○ We had a good *workout* today.
「今日はよく**運動した**ね」

また、work out と並んで多用される work の句動詞に work on... がある。この work on... は「**……を直す**」「**……を修理する**」という意味になる。

○ I'm *working on* my car.
「車を**修理しています**」

しかし、work on... はつねに「直す」という意味で用いられているわけではない、たとえば、

○ I'm *working on* my computer.

という文は「**コンピュータを直している**」と「**コンピュータを使って仕事している**」といった2通りの解釈が可能である。つまり、work on... は「**……に対して『仕事』をする**」という意味だと考えればよい。どのような「仕事」なのかは、文脈によって判断する。
　たとえば、

○ I *worked on* a report.

であれば、「レポートを作成した」という意味になる。さて、ここで問題。次の文はどのような意味になるだろうか？

○ I *worked on* him.

たとえば「医者」がこう言った場合は、「患者を診察した」という意味になる。また、「営業マン」がこう言った場合は、「客に売り込んだ」というような意味

になる。

なお、workと並んで、「仕事」という日本語に対応する英語としてよく使われる単語が**job**であるが、workとのニュアンスの違いには十分気をつけるようにしたい。jobには「**職業**」という意味もあるが、「**やらなければならないこと**」という意味もある。そのため、

△ I have two *jobs*.

という文は、「やらないといけないことが2つある」「2つの仕事に就いている」という2通りの意味に取れるため、あいまいである。明確に意図を伝えたければ、

○ I have a day *job* and a night *job*.
「私には昼間の**仕事**と、夜の**仕事**があります」

○ I have two *jobs* today.
「今日は2つ**やること**があります」

最後に、「仕事」を含むさまざまな日本語を、実際に英語にしてみよう。

「**仕事に行く日と行かない日**の『オン・オフ』の切り替えができない」
○ I'm having trouble making adjustments between the days I *go to work* and the days I stay home.
○ I'm having trouble adjusting between *on and off* days.

「今私には**仕事**を選んでいる余裕はありません」
○ I don't have the luxury of choosing what *work* I want to do and don't want to do right now.
○ I can't afford to be picky about *what I do*.
　*don't have the luxury of... は「……している余裕はない」という意味の決まり文句。日本語の「贅沢は言っていられない」に近いイメージ。

「私の**仕事内容**は新規ビジネスの開拓です」
- It's my *job* to bring in new business.
- I'm *in charge of* business expansion.

「仕事は仕事と割り切っています」
- For me, *I separate work from my private life.*
- *A job is just a job.*

「来週から**仕事で**2週間ほどニューヨークへ行きます」
- For two weeks from next week, I have to go to New York *on business*.
- I'll be in New York *on business* for the coming two weeks.

「**仕事場**の設備は充実しています」
- *Our workplace* has all the equipment that's required.
- *Our office* has everything we need.

「これは**私の仕事**ではありません」
- This is not *my job*.
- This is not *my responsibility*.
  * このように「仕事」をresponsibilityで表現できる場合もある。

「週末は**仕事関係の友人**たちとゴルフです」
- I'm going to play golf with *work-related people* on the weekend.
- I'm going to go golfing with *clients* on the weekend.
  *with friends from work とも言える。

47 ●「異なる」「違う」

「異なる」「違う」を英語にする場合は different を使うのが基本ではあるものの、**本当に different を入れる必要があるのかを十分に考慮する**ように心がけたい。

たとえば「ABC 社は、さまざまな異なる機能を提案した」という日本語を、どう英語にしたらいいか考えてみよう。

　　△ ABC suggested several *different* functions.

上記の英文は間違いではない。また、実際に、ネイティブもこのような英文を書いてしまうことが多い。しかし、よい英語であるとは言いがたいのである。論理的に考えて、**「いくつかの機能」のそれぞれが「同じ」である可能性はない**。そのため、わざわざ different という言葉を入れる必要はまったくないのだ。そのため、

　　○ ABC suggested *several* functions.

のような形のほうがずっと自然であると言える。さらに付け加えれば、ビジネスの現場では、なるべく具体的な表現を用いることが求められる。たとえば、

　　◎ ABC suggested *seven* functions.
　　　「ABC 社は**7つの**機能を提案した」

のような言い方にしたほうがいいだろう。

「異なる」を含む日本語の文を実際に英語にしてみよう。

　　「今日の彼の態度はいつもと**異なっている**」
　　○ His attitude is *different* today.
　　○ He's *not the same* as usual today.

*different は、このように not the same を使って書き換えることができる。

「私は彼女とは**異なる道**を歩いています」
○ She and I are walking on *different roads*.
○ I'm *not* walking on *the same road* as she is.

「それぞれの方法は**違って**いても、私たちの目標は同じです」
○ Although our methods are *different*, our objective is the same.
○ Our methods *vary*, but our goal is the same.
  *vary は「変化する」という意味の自動詞。

「国が**異なれば**感覚も**異なる**ことは当然かもしれない」
○ It's only natural that *different* countries have *different* ways of looking at things.
○ Each country has its *own way* of doing things. It can't be helped.
  *own way は「独自の方法」。

「同じものでも**異なった角度**から見ると全然違って見える」
○ If you look at the same thing from *a different perspective*, it looks completely different.
○ *Your perspective* changes everything.
  *2番目の英文は「見方によって、すべてが変わってしまう」という意味。

「**異なる意見**を1つに集約してまとめ上げることが今いちばん求められている」
○ What we need now more than anything is to summarize *the different opinions* into one.
○ Now we need to narrow down *all the opinions* into one.

「弊社では御社とは**異なる**システムで動いています」
○ We're working under a *different* system than you are.
○ We're *not* using *the same* system you're using.

48 ●「いくつかの」

　たとえば日本語の「お米を買った」を「直訳」するとI bought rice. になるが、このI bought rice. という文はネイティブにはとても不自然な響きがある。なぜなら、I bought rice. だと「**どのくらい買ったのか**」がわからないため、ネイティブは困惑してしまうのである。どのくらい買ったのかを明確にする必要がないなら、

　　○ I bought *some* rice.

のように「いくらかの」を意味するsome を用いるべきなのである。
　このI bought some rice. は「**多すぎず少なすぎず**」の「常識的な量」というイメージである。このように、量を特定・限定せずに不可算名詞を用いる際にはsome を用いるのが基本なのである。
　もちろん、some は可算名詞にも用いることができる。

　　○ I went to *some* meetings.
　　「**いくつか**打ち合わせに行った」

　　○ We talked to *some* suppliers.
　　「**何人か**の業者に会った」

　　○ She sent me *some* reports.
　　「彼女は報告書を**いくつか**私に送ってきた」

このように、some はとても使い勝手がよい単語であるが、特にビジネスの現場では、多用は禁物である。そもそも、some は「いくつぐらい」を指す単語なのだろうか。ネイティブによって、感覚に大きな差があるのが現状だ。「2〜3」だと考えている人もいれば、「5〜6」だと感じている人もいる。そのため、some では「**どのくらいなのか**」**がいま1つはっきり伝わらないため、相手をイライラさせてしまうことがある。**

たとえば、

　△ She gave the sample to *some* buyers.
　　「彼女は**いくつかの**バイヤーにサンプルを送った」

と言うよりも、

　○ She gave the sample to *around eight* buyers.
　　「彼女は**8社ぐらいの**バイヤーにサンプルを送った」

と言ったほうが、**相手がイメージしやすいため、より親切**であると言える。そしてもちろん、可能であれば

　◎ She gave the sample to *eight* buyers.
　　「彼女は**8社の**バイヤーにサンプルを送った」

のように、正確な数字を用いるのがいちばんよい。
　「いくつか」を表わす英語表現は some だけではない。ほかの英語表現も、併せて見ておこう。ネイティブは「いくつかの」「いくらかの」という意味の **a certain number of...** をよく使っている。

　○ We need to send out *a certain number of* invitations.
　　「**ある程度の**招待状を発送する必要がある」

　○ I made *a certain number of* calls.
　　「私は**何件か**電話をかけた」

161

このa certain number of... もsomeと同様、あいまいな表現ではあるが、「**適切な量の**」というニュアンスが込められているため、比較的使いやすいと言える。

また、a few / a couple (of...) も「いくつかの」という意味の表現である。

○ It will cost *a few* thousand dollars to repair it.
「それを修繕するのに、**数千ドルかかる**」

○ Let me give *a couple of* examples.
「**いくつか**例をあげます」

○ Why don't you take *a couple*?
「**何個か**取ったら？」

これらの表現を使う場合、1つ注意しておかなければならないことがある。それは、かなり多くのネイティブがa few は「**3**」、そしてa couple of... を（言葉の元々の定義どおりに）「**2**」という意味だと考えているということだ。そのため、上であげた例はそれぞれ、

○ It will cost *a few thousand* dollars to repair it.
「それを修繕するのに、**3000 ドルほどかかる**」

○ Let me give *a couple of* examples.
「**2つ**例をあげます」

○ Why don't you take *a couple*?
「**2個**取ったら？」

という意味に取られる場合もある。

severalやvariousを「いろいろな」、つまり「数が多い」という意味だと思っている日本人が多いが、実はそうではない。これらの言葉は数や量を「**はっきり示したくない**」あるいは「**はっきり言う必要がない**」という場合に使うべ

きものである。実はこれらの表現を多用してしまうと、ネイティブをいらだたせることがあり、思わぬ影響をもたらすこともある。
　たとえば、「たくさんある」のつもりで、

　　「このテーマに関するいろいろなレポートを読みました」
　　△ I read several reports on this topic.
　　△ I read various books on this topic.

と言ったとする。しかし、これは「たくさんの」というよりも、ネイティブにはむしろ、「ある程度」というような意味で伝わることになる。つまり「たくさん」ではなく「ある程度の」「数えられるほどの」という意味。そうではなく「やはり多く読んだ」という内容にしたいのであれば、逆にシンプルに **I read books on this topic.** と言ったほうが、真意が伝わりやすい。several はネイティブにとっては「3より多いがそれほど多数ではない」という感覚である。つまり、**a couple < a few < several** と考えれば間違いない。
　具体的な数字がある時に、わざわざseveralというあいまいな言い方を用いると、ネイティブをいらつかせてしまうので注意したい。たとえば論文を書いている時に、「いくつか問題がある」と述べたあとで、5つの問題を列挙する場合に、

　　△ There are *several* problems.

と前置きすることは避けたほうが賢明だ。はっきりした数字がわかっているのだから、

　　○ There are *five* problems.

と述べるべきである。
　また、ネイティブによっては、severalを「逃げ」の言葉だととらえる人もいる。「**多いのか多くないのかを、ごまかしてしまっている**」ととらえるからだ。実際にある程度以上の数があるのならば、

○ There are *a lot of* problems.

のように、はっきりと「多い」と書いてしまったほうが印象がよくなるだろう。それでは、「いくつかの」を含む日本語の文を英語にしてみよう。

「**いくつかの**困難があったが、私たちは生き残った」
○ We went through *several* setbacks, but we survived.
◎ We survived *three* serious challenges.
　*やはり、いくつの「困難」があったのかが明らかである場合は、2番目の英文のようにその数字を示したほうがよい。

「**いくつかの**会社が ABC 社の獲得に名乗りを上げた」
○ *Several* companies expressed interest in buying ABC.
◎ *Three* companies came forward to buy ABC.
　*「たくさんの会社が名乗りを上げた」のだったら、a lot of... を用いるが、何社が名乗りを上げたのかがわかっているのなら、2番目の英文のように具体的な数字を用いたほうがいいだろう。

「**いくつかの**段階を経て、ようやく先が見えてきた」
○ We passed through *several* stages before finally being able to see the future.
○ We can *finally* see the light.
　*finally 自体に「いくつかの段階を経て、やっと到達する」というニュアンスが含まれるため、2番目のようなシンプルな英文でも、十分に意味が伝わる。see the light は see the light at the end of the tunnel の省略で、「先を見とおす」という意味である。

「来週の社内会議では、**いくつかの**課題が取り上げられるだろう」
○ *Several* issues will be discussed at the company meeting next week.
◎ We'll talk about four things at next week's company meeting.
　*agenda の内容を伝えるための文であるから、「いくつの議題がある

のか」を示さなければ、情報としては無価値である。2番目の英文のように、具体的な数を示すことが必要である。

「**いくつかの**反対意見を取り込みながらまとめ上げたのがこの最終案です」
○ This final proposal was completed upon the incorporation of *several* counter opinions.
○ This final proposal incorporates *several* opposing views.
 ＊「反対意見がたくさんあった」ということを強調したくなければ（通常は強調したくないことが多いと思われる）、このように、several を使っても構わない。

「ここに至るまで会社にも**いくつかの**危機がありました」
○ The company went through *several* crises before we arrived at this point.
◎ We went through *a lot* to get to this point.
 ＊several を用いるよりは、2番目の英文のように、「多い」という具体的な表現を用いたほうが、相手に与える印象はよくなる。

「これから**いくつかの場面**であなたにも活躍してもらいます」
○ We would like to have you play a role *in several different ways* in the future.
◎ We're looking forward to your help *in a lot of ways*.

49 ●「全体の」「全部の」

　「全体の」「全部の」という意味を表わす英語表現として、all / entire / whole がある。これらはすべて同じ意味だと思われることが多いが、ネイティブはこれらを具体的に使い分けている。

たとえば、「彼はケーキをすべて食べた」という文を英語にしてみよう。

A. He ate *all* the cake.
B. He ate the *entire* cake.
C. He ate the *whole* cake.

まず、all を使った場合は単に「ケーキのすべて」という意味にしかならないため、**特に含みを入れずに使うことができる**。なお、この all は all of の省略形であり、He ate all of the cake. から of が省略されたと考えるとよい。そのため、ほかの 2 文とは語順が変わることに注意しておこう。

entire は「**残さずに**」というニュアンスがある。そのため、B の He ate the entire cake. は「彼はケーキを残さず食べた」という意味になる。「皿に残ったかけらまで、きれいに食べた」というニュアンスである。

whole は「**まるごと**」というニュアンスである。C は「ケーキをまるごと平らげた」という意味になる。場合によっては、「大きなケーキなのに、彼はまるごと平らげてしまった」、つまり「**食いしん坊**」という意味が込められてしまう可能性があるので、気をつけておこう。このように、whole には「**大きさを強調する**」というニュアンスがある。

さらに例を見てみよう。

○ I cleaned the *entire* office.
○ I cleaned the *whole* office.

上の 2 つの違いがわかるだろうか。entire を使ったほうは「**隅々まで掃除した**」という意味になる。そして、この場合、「**事務所の大きさ**」には関係がないということに注意しておこう。一方、I cleaned the whole office. のほうは、「**だだっぴろいオフィスを全部きれいにした**」とでもいうようなニュアンスになる。この場合、whole には「**広さをことさらに強調している**」ような感じがともなう。

entire と whole のニュアンスの違いを正しくとらえることが、最大のポイントである。entire は「**客観的**」なイメージがある。理論的な根拠があり、客観的な事実を淡々と述べるような場合に使われる。先ほどの「ケーキ」の話に戻

せば、He ate the entire cake. は「ケーキを残さずきれいに食べた」という「客観的事実」を描写したもの。そこには、感情はいっさい込められていない。そのため、entire は客観性が重視される新聞記事などでよく使われる。これに対して whole は、「**主観的**」なイメージ。自らの経験に基づいて判断するような場合によく用いられる。

　ちなみに、whole には **a whole lot of...** という形で、「山ほどの……」という意味を表わす用法がある。ただし、この言い方はカジュアルなものなので、たとえば、

　　「**多くの**市場調査が実施された」
　　△ *A whole lot of* market studies were conducted.

のような言い方はふさわしくない。

　　「これに関しては、**いっぱい**本を読んだよ」
　　○ I read *a whole lot of* books on this.

のように、カジュアルな意見交換の場での発言であれば問題はない。ある程度フォーマルな場であれば、

　　◎ I read *quite a few* books on this.

といった表現を使ったほうがいいだろう。
　なお、場合によっては、entire や whole を使って文を「強調する」必要があるのかどうか自体を検討することも有用だ。たとえば、

　　○ He ate *the* cake.

だけでも、「ケーキを全部食べた」という意味にとらえることは可能である。同様に、

　　○ I cleaned *the* office.

も、常識的に考えれば「オフィス全体を掃除した」という意味にとらえるのが自然である。このように、わざわざ取り立てて「全部」「残らず」という意味を強調する必要がなければ、思い切って**「全部」「残らず」に相当する英語表現を省いてしまうのも1つの手**である。

　最後に、「すべて」という意味を含む日本語の文を実際に英語にして、それぞれのニュアンスを比較・検討してみよう。

　　「ABC社は**全**社をネバダに移動した」
- ○ ABC moved the *entire* company to Nevada.
- ○ ABC moved the *whole* company to Nevada.
- ◎ ABC moved *the* company to Nevada.

　　*whole を用いたほうは、発言者が「ABC社の関係者」であることを匂わせる。当事者が「これだけ大きい会社を大変な手間をかけて……」と語っているニュアンスになる。逆に言うと、ABC社とは無関係の人物が whole を使うのは少し不自然な感じになる。また、この文では whole / entire を使わなくても、意味は変わらない。「一部を引っ越した」とは書かれていないので、自動的に「全部」という意味になるからである。

　　「今日中に500ページの報告書を**すべて**読まなければならない」
- ○ I have to read the *entire* 500-page report today.
- ○ I have to read the *whole* 500-page report today.

　　*entire を使った英文は「1ページも残さずに読まなければ」という、「冷静な発言」のイメージ。whole のほうには、「500ページもある報告書を、すべて読み終わらないといけない。これは大変だ……」のような、一種の「焦り」のニュアンスがある。

　　「**すべての**注文品を昨日出荷した」
- ○ The *entire* order was shipped yesterday.
- ○ The *whole* order was shipped yesterday.

　　*whole を用いたものは、「これだけたくさんあるものをすべて出荷で

きた」ということから、どことなく「自慢している」ようなニュアンスになる。

50 ●「基本的には」

　日本語の「基本的には」に対応する英語は basically や in principle などである。「基本的には」という言葉は大変便利な日本語であり、その目的は**例外を容認し、また文そのものの意味を和らげる**ことにある。しかし、basically や in principle といった英語表現のニュアンスは、実はそれとはかなり異なっている。
　ネイティブが basically / in principle を使うのは、たとえばこのような場合である。

　　Client: Can I get a refund?
　　Store: *Basically / In principle*, we can't give refunds.
　　顧客：「払い戻しはできますか？」
　　店側：「**基本的に**払い戻しはできないのですが、まあ……」

　この店側の答えは「**ルールを厳守するのであれば、お引き受けはできませんが、今回は例外的にお取り扱いしましょう**」ということになる。このように、英語の basically / in principle は「例外的な扱いをする」ことを申し出たり、「今回はルールを無視しましょう」と持ちかけるような場合に用いるのである。そのため、これらの言葉は、実は**書き言葉よりも話し言葉で使われるほうが圧倒的に多い**のである。
　このような「今回は例外として、基本原則は無視してしまっていい」というニュアンスは、日本語の「基本的に」にも含まれている。しかし、英語ほど、そのニュアンスは強くないので、注意が必要である。

　　「彼女は**基本的には**親切です」

△ She's *basically* kind.

そのため、上記のような英文は、あまり用いるべきではない。人によっては、「基本的には親切ということは、親切ではない部分があるということ？」と勘ぐってしまう可能性がある。

また、ビジネス文書において basically / in principle を用いる場合は、**具体的にどのような「例外」が認められるのかを明確に示すべき**である。

たとえば、「報告書は、基本的には月末に提出しなければならない」を英語にすると、

△ The report *basically* has to be submitted at the end of the month.

このような英文が考えられるが、これでは「例外が認められるのかどうか」が判然としない。もし、実際に認められるのであれば、

「報告書は月末に提出しなければならない。**例外を認める場合もある**」
○ The report has to be submitted at the end of the month. *Exceptions may be allowed in some cases*.

のように、はっきりとそのように書いたほうがわかりやすい。
もう1つ例をあげておこう。

△ Test equipment shall conform to JIS B 7721 *in principle*.
「試験装置は**基本的に** JIS B 7721 に適合するものとする」

○ Test equipment shall conform to JIS B 7721. *We may allow for exceptions in special circumstances*.
「試験装置は JIS B 7721 に適合するものとする。**特別な状況下では例外を認めることもある**」

51 ●「事前に」

「事前に」という日本語の訳語には、beforehand や in advance などがあてられる。しかし、流れの中で**「今言及していること」**が**「事前のこと」であるとしか考えられない時に、beforehand / in advance を使うのは、重複**になり、よい英語とは言えない。あえて強調するために使うネイティブがいることも事実ではあるが、やはり避けたほうが無難である。

例を見てみよう。

　「**事前に**準備しておいてください」
　△ Be sure to prepare *beforehand*.
　○ Be sure to prepare.

「準備をする」のは「事前」であるため、prepare beforehand は明らかに意味が重複してしまっている。これは、言葉に対してあまり敏感ではないネイティブがよく犯してしまうミスの1つである。とても「くどい」感じになってしまうので、このような「重複」は可能な限り避けるようにしたい。

beforehand / in advance は、以下の例のように、**過去の話**について言及する場合に用いるのが最適な使い方である。

　○ He sold the computer for $5,000, but I had told him *beforehand* that it was worth much more.
　「彼は 5,000 ドルでコンピュータを売ってしまったが、彼には、もっと値打ちがあると**前もって**話しておいた」

　○ We sold our stock *in advance* to the crisis.
　「危機が起こる**前に**株を売却した」

また、単に「事前に」と述べるだけでなく、「何をする前に」なのかを明示したほうが、さらによい英文になる。以下の例で確認してほしい。

△ We have to consult with the committee *beforehand*.
「**事前に**委員会に相談する必要がある」

○ We have to consult with the committee *before moving ahead*.
「前に**進める前に**、委員会に相談しておかなければならない」

それでは、「事前に」を含む日本語の文を実際に英語にしてみよう。

「**事前協議もない**ままに、突然キャンペーンが発表された」
○ The campaign was suddenly announced *without any consultation*.
○ No one talked to me *before the campaign was announced*.
 ＊「事前協議」を直訳すれば prior consultation となるが、やや堅すぎるので、上の2つの用例の最初の訳文のように、without any consultation「事前の相談なしに」にしたほうが、わかりやすい。

「**事前に準備**を整えていたおかげで、うろたえずにすんだ」
○ Because *preparations* were carried out, everything proceeded without any confusion.
○ Everything went well because we were *prepared*.
 ＊上の最初の英文は、Because preparations were carried out in advance... にしてしまうと「重複」になってしまう。

「このイベントに参加するには**事前申し込み**が必要です」
○ In order to attend this event, you need to *pre-register*.
○ Registration is required.
 ＊「参加申し込み」は通例「事前」に行なうべきものなので、2番目のような英語にしても問題ない。なお、「いつまで」ということがはっきりしているのなら、Registration three days before the event is required. のように、具体的な「期日」を明示したほうが親切でわかりやすい。

「彼はこの危機を**事前に**察知していたと言った」
- ◯ He said that he *foresaw* the crisis.
- ◯ He said he *saw* the crisis coming.

*foresee 自体に「事前」の意味が含まれるので、He said that he foresaw the crisis in advance. では意味が重複してしまう。

「その大規模なM&Aの情報は**事前に漏れて**しまっていた」
- ◯ Information about the large-scale M&A *leaked out* to the public.
- ◯ Information about the big M&A *leaked*.

*leak (out) は、「漏れてしまったあと」には用いることができない。だから、「事前に」という意味が元々含まれていると考えてよい。

「この期間中に日本を離れる社員は**事前に届け出て**ください」
- ◯ Please *submit a request* if you plan to leave Japan during this period.
- ◯ Please *submit a request* to leave Japan during this period.

* request は「事前に要求する」ことであるので、in advance などを併用すると、意味が重複してしまう。

52 ●「……など」

　日本人は「……など」という表現を英語にする際、好んで"..., etc."を用いるが、実はこれはネイティブが「**なるべく使わないほうがよい**」と学校で教わっている言葉の1つなのである。ネイティブがこの言葉を避けるのは、相手に与える印象がよくないからである。まず、「……など」と端折ってしまうために、「**きちんと言うべきところを、サボっているように聞こえてしまう**」可能性がある。また、場合によっては、「**きちんと調べていない**」あるいは「**隠している**」と思われてしまうこともある。そのため、やはり、非ネイティブとしてもなる

べく使わないようにしたほうがいいだろう。

"..., etc." 以外にも「……など」を意味する英語表現があるので、そちらを活用する方法もあるが、「**……など**」**にあたる英語表現を使わない**のが実はベストの選択肢である。

「**フランス、イギリス、スペイン、イタリアなどの国々**に行きました」
△ I went to *France, England, Spain, Italy, etc.*
○ I went to *France, England, Spain, Italy, and so forth.*
◎ I went to *France, England, Spain, Italy, and other European countries.*

"..., etc." を使うよりは、上で示したように "..., and so forth" などを使ったほうが印象はよくなる。この場合、「ヨーロッパの国々（だけ）を訪れた」ということが事実であれば、ベストの訳はいちばん下の英文である。

なお、France, England, Spain, Italy, and so forth であれば、なんとなく「ヨーロッパの国々を訪れたのだな」ということが予想できるが、

「**フランス、イギリス、フィリピンなどの国々**に行きました」
× I went to *France, England, the Philippines, etc.*

であれば、「**など**」**の部分が何を指すのかまったく予想がつかない**。そのため、この場合は、

「**フランス、イギリス、フィリピン、それにあと2つの国々**に行きました」
○ I went to *France, England, the Philippines and two other countries.*

「**フランス、イギリス、フィリピン、メキシコ、南アフリカ**に行きました」
◎ I went to *France, England, the Philippines, Mexico and South Africa.*

「……など」

のように**具体的な**記述をしたほうが、相手にはわかりやすい。
もう1つ例を見ておこう。

　「ABC社は、**はさみ、定規、ノートなど**を製造している」
△ ABC manufactures *scissors, rulers, notebook paper, etc.*
○ ABC manufactures *scissors, rulers, notebook paper, and so on.*
◎ ABC manufactures *scissors, rulers, notebook paper, and other office supplies.*

「はさみ」「定規」「ノート」となれば、すべてが文房具であるため、いちばん下の英文のようなスマートな訳が可能になる。このような形にしておけば、**「他にどんなものがあるか」を読み手がなんとなく想像できる**ため、とてもわかりやすくなるのである。
　しかし、どうしても「その他」「などなど」の表現が必要な場合もある。その時に大事なことは**同じ言葉を何度も使わない**ということである。いくつかのバリエーションを身につけておきたい。

　...to name a few（いくつか例をあげると）
○ He has already received offers from ABC, RST and XYZ, *to name a few.*
「彼はABC社、RST社、XYZ社**など**からすでにオファーをもらっている」

　several...like 〜（〜のようないくつかの……）
△ We use *several* materials *like* plastic, metal and paper.
「わが社はプラスチック、金属、紙**など**の材料を使用している」

この several...like 〜はネイティブがよく使う表現であるが、正しくないと考える人もいる。like は「……のような」という意味であるから、上の文は「**プラスチック・金属・紙ではない、プラスチック・金属・紙以外のものを使っている**」(We use several materials like plastic, metal and paper, but we don't

175

use plastic, metal and paper.) と解釈されてしまうおそれがあるからだ。そのため、ビジネス文書ほか正確を期すものには、使わないほうが無難であろう。

many...such as 〜（〜など多くの……）
○ ABC has offices in *many* Asian cities *such as* Seoul, Beijing, and Taipei.
「ABC 社はソウル、北京、台北**など多くの**アジアの都市にオフィスを構えている」

(just) a few of many...（多くの……のほんの一部）
○ ABC, RST and XYZ are *just a few of many* companies interested in this project.
「このプロジェクトに興味を示した**多くの会社のほんの一部**が、ABC 社、RST 社、XYZ 社である」

では、まとめとして、「……など」を含む日本語の文を、実際に英語にしてみよう。

「ABC 社**などが**興味を示した」
△ *ABC and other companies* have expressed interest.
○ *ABC, EFG, JKL and other companies* have expressed interest.
＊「ABC 社など」のようにほんの一例をあげてそれに「など」を付けるのでは、全体の状況が把握できない。できれば 2 番目の例文のように、3 つ以上の社名をあげたほうがいいだろう。

「ご意見ご要望**など**ございましたらご連絡ください」
○ If you have any opinions *or* requests, please contact us.
○ Please send us your comments.
＊この「など」は訳出不要。

「**大阪などの支店で**、人員不足が深刻だ」

- ○ There's a labor shortages *at our offices in Osaka and other cities*.
- ◎ *Our offices in Osaka, Kobe, Nagoya and other cities* need more workers.

  *都市名の「実例」は、最低３つはあげたほうがいい。

「**病欠など**の緊急な連絡は、窓口を一本化しましょう」
- ○ Let's assign one person to be the contact person for calling in *sick and with other emergencies*.
- ○ We need a single contact for calling in absent.

  *call in absent だけで「病気などの緊急」というニュアンスを出せる。

「勤続年数**など**を考えたら、彼にはもう少しがんばってもらわなければならない」
- ○ Considering *things like* his length of service, we need him to work a little harder.
- ○ Considering how long he's been here, he needs to work harder.

  *ほかのことについて特に言及しないのであれば、２番目の訳例のように、思い切って「など」の部分を省いてしまうことも検討したい。

「海外に派遣される社員は、英語力**などさまざまな条件を**クリアしなければならない」
- ○ Employees sent overseas need to speak English and meet *several other requirements*.
- ○ You need to have English *and other skills* to be sent overseas.

「社長**など**経営陣は、今回の成果に大変満足している」
- ○ The executive officers, *including* the president, are very pleased with the results.
- ○ *All the* executives are pleased with the results.

*「経営陣」に「社長」が含まれることは自明なので、「社長など」は省いてもいいだろう。

「今回は小さなミス**なども**許されません」
○ Not even *anything like* small mistakes are allowable.
○ No mistakes are allowed.
　*「など」が何を指すのかがあいまいなので、削除してしまったほうがわかりやすくなる。

53 ●「事件」

「事件」に対応する英語は accident や incident などであるが、実はこの2つの単語の意味は**かなり異なる**と考えたほうがいい。まず、accident とは「**偶然に起こるもの**」である。

　　○ He was involved in a traffic *accident*.
　　　「彼は交通**事故**に巻き込まれた」

このように、「偶発的に起こった『事故』」のことを指す。I met her in a happy accident.「幸運な偶然により彼女と出会った」のような言い方もできないことはないが、一般には**不幸なこと**を指す言葉である。

これに対して、incident が指すのは偶然に起こるものにとどまらない。「事故」や「犯罪」「事件」まで、incident は「出来事一般」を幅広く指すことができる。そのため、先ほどの「彼は交通事故に巻き込まれた」は、

　　○ He was involved in a traffic *incident*.

とすることもできる。ただし、この場合「ニュース英語」的な印象が強くなる。なお、**incident は accident** よりも「**大きな出来事**」に対して使われる。

incident は、このように「マルチ」に使える便利な言葉であるが、使う時には少し注意が必要でもある。例をあげてみよう。

「**賄賂事件**で社長が降格された」
○ The president had to step down because of the *bribery incident*.
◎ The president had to step down because of *bribery*.

ここでは、incident を使わないほうがより自然である。省略してしまえる場合は、あえて用いる必要はない。
もう1つ例を見てみよう。

「4,000人も**事故**で亡くなった」
△ Four-thousand people were killed in the *incident*.
○ Four-thousand people were killed in the *tragedy*.

incident は「**客観的に状況をとらえている**」ようなニュアンス、つまり「**感情が入っていない**」というイメージなので、大きな事故や悲惨な事故などに対して incident を用いると、冷静で非人間的な発言と思われてしまう可能性がある。ちなみに、ここでは tragedy を crisis / disaster / calamity で置き換えることもできる。
以下の例では、incident を使っても問題はない。

○ Three people were killed in the *incident*.
「**事故**で3人が亡くなった」

このように「大災害」や「ものすごく悲惨な事故」でなければ、incident を使ってもよい。
incident は「客観的」「冷静」なニュアンスを持つ言葉である。そのため、

△ There was an *incident* between them.
「2人の間に**事件**（争い）があった」

この例文からわかるように、「何が起こったのか」が相手にストレートに伝わりにくい側面がある。「何が起こったのか」がはっきりしている場合は、

○ They got into *a fight*.
　「2人は**喧嘩**した」

のように、具体的な表現を用いたほうがいいだろう。
　incident の持つ、このような「あいまいさ」が逆に便利に使われる場合もある。incident が、ある意味「無機質」であり、あたり障りのない表現であるため、ビジネスの現場では**「事故」（accident）や「不正」（crime）といったマイナスイメージの言葉の「代用」**として用いられることが多い。これはおそらく法律的な責任の問題との関わりが考えられる。
　たとえば、

○ The president was arrested for the *crime*.
　「社長が**犯罪**で逮捕された」

○ The president was arrested in the *incident*.
　「社長が**事件**で逮捕された」

という2つの文を比較してみよう。crime のほうは、「社長が犯罪者であることを認める」ニュアンスになる。これに対して、incident のほうは「犯罪を認めていない」というニュアンス。企業のイメージをできるかぎり守るためには、incident を使ったほうが、会社に与える「ダメージ」は少なくなる。
　もう1つ例を出しておこう。

○ Three people were killed in the factory *accident*.
　「工場の**事故**で3人が亡くなった」

○ Three people were killed in the *incident*.
　「その**事故**で3人が亡くなった」

「事件」

　先に出した英文は、「会社が起こした事故によって死者が出た」というニュアンス。2番目のほうは、**あえて責任の所在をあいまいにしている**ニュアンスがある。

　このような「複雑な事情」がない場合は、具体的な表現を用いたほうが、相手にとってわかりやすくなる。つまり、incident以外の表現を用いることを検討したほうがいい。

　たとえば、下の2つの英文を比較した場合、

「その**事件**でABC社は破産した」
○ ABC went bankrupt because of the *incident*.
◎ The *scandal* resulted in ABC going bankrupt.

incidentをはっきりと「スキャンダル（醜聞）」にし、その結果、破産を招いたという具体的な書き方になっている2番目の英文のほうがよりわかりやすいと言える。

　なお、ネイティブは以下のように **without incident** という形を好んで用いている。

○ The project was completed *without incident*.
「プロジェクトは**スムーズに**終わった」

○ The new-employee training took place *without incident*.
「新入社員の訓練は**問題なく**行なわれた」

○ We got to New York *without incident*.
「私たちはニューヨークに**無事**到着した」

without any problem よりも洗練された感じ、あるいは知的なニュアンスになるため、「滞りなく」「問題なく」「無事に」という意味をメールなどで表現したい時には、ぜひ使ってみよう。

　それでは最後に、「事件」という言葉を含む日本語の文を実際に英語にしてみよう。

「歴史的な**横領事件**が起こったのは、この支店だ」
- 〇 The historical *embezzlement incident* happened at this branch.
- ◎ This branch is where a historical *embezzlement crime* happened.
- ◎ A big *embezzlement crime* took place here.
  * 「横領」は「犯罪」であるから、incident よりも crime を使ったほうが、直感的にわかりやすい。

「ABC の倒産は、彼にとって**1つの事件**だった」
- 〇 The bankruptcy of ABC was *a big incident* in his life.
- ◎ ABC's bankruptcy *changed his life*.
- ◎ ABC's bankruptcy was *a big tragedy* for him.
  * 「その事件のせいで人生が暗転した」という意味に解釈すれば、いちばん下の訳文のように tragedy を使って訳すことも可能。

「**事件**の報告が遅れたのは、ABC 社の責任だ」
- 〇 The delay of the report on the *incident* was ABC's responsibility.
- ◎ ABC should have reported the *crime* sooner.
- ◎ ABC is responsible for not reporting the *crime* sooner.

「**悲惨な事件**の記憶は、トラウマとなった」
- 〇 The *terrible incident* was traumatic for him.
- ◎ The *tragedy* was traumatic for him.
  * 「悲惨な事件」は、このように tragedy 1 語でも表現できる。

「彼は**飛行機事故**の情報収集で不在です」
- 〇 He's gathering information on that *airplane accident*, so he's not here.
- ◎ He's away gathering information on that *airplane crash*.
  * 「飛行機事故」は、一般には airplane crash と訳されることが多い。

「2008年に起こった**経済的な事件**を覚えていますか？」
- ○ Do you remember the *economical incidents* that took place in 2008?
- ◎ Do you remember *what happened in the economy* in 2008?

「彼には、**生麦事件**に関わった人が先祖にいるそうです」
- ○ He has an ancestor who was involved in *the Namamugi Incident*.
- ○ One of his ancestors was in *the Namamugi Incident*.

54 ●「……するべきだ」

「……するべきだ」に対応する英語として、反射的にshouldを思い浮かべる人は多い。しかし、これにはあなたが**意図しない意味が含まれる場合がある**ので要注意である。
たとえば、「3時までに報告書を終わらせたほうがいいですよ」というつもりで、

- × You *should* finish this report by 3:00.

と言ってしまうと、相手を怒らせてしまう可能性がある。実は、この文は「**3時までに報告書を終わらせるべきですが、あなたのことだからしないでしょうね**」という**皮肉**にとらえられてしまう危険があるのだ。
実は、shouldには否定的なニュアンスがあり、以下の例に示すように「**そうする（そうなる）べきだが、実現可能性は40％程度だ**」という含みを持っている。

- ○ I *should* go to the meeting.
「打ち合わせに行ったほうが**いいんだけど**……（実際は行かないかも

ね)」

　○ ABC *should* finish this project by tomorrow.
　「ABC 社は明日までにこのプロジェクトを終わらせる**べきなんだけど**……（終わらないかもね）」

　このように should が本来持っている皮肉や否定的なニュアンスを避けるには、

　○ *Maybe* you *should* finish this report by 3:00.

のように、文頭に Maybe をつけ、**Maybe you should...** というパターンを用いるとよい。こうすることで、嫌味のないソフトな提案に変えることができる。
　また、〈**should + have +過去分詞**〉のパターンは、

　○ You *should have told* me sooner.
　「あなたはもっと早くに私に言うべきでした」

のように、「**（過去の時点において）……するべきであった**」という意味を表わす。つまり、「実際にはしなかった」ことについて「すればよかったのに……」と言及する際に用いる表現である。しかし、この表現は、ネイティブの耳には**「するべきだったのに、あなたのことだからしなかったのよね」というかなりきつい皮肉**に聞こえてしまうことがある。
　この言い方には批判的な含みがあり、親が子に言い聞かせたり、上司が部下に話をする場面でよく登場する言い回しなのである。「ね、だからこうなってしまったんだよ」「あなたのことだから、まあしかたないね」というニュアンスが含まれているのだ。
　You should have... が持つ皮肉や嫌味の意味を緩和するには、先ほどと同様、Maybe を文頭につけて Maybe you should have... という形にするという手がある。また、これ以外にも、

　× You should have finished this report by 3:00.

「……するべきだ」

「このレポートは、3時までに終わらせるべきだったのに」

　○ *We* should have finished this report by 3:00.
　「**私たちは**このレポートを3時に終わらせるべきだった」

のように**主語の you を we に変える**ことで、かなりソフトな印象になる。
　もう1つの方法は、

　×　You should have come sooner.
　　「あなたはもっと早く来るべきだった」

　○ *Let's* come sooner (in the future).
　　「今回は遅かったが今後はもっと早く来るように**しよう**」

のように、**Let's...** というパターンを用いるというもの。どちらのやり方も、「**前向き**」な印象を与えることができるため、非常に使いやすいと言える。
　主語を we に変えるパターンも、Let's... を使うパターンも、どちらも**ダイレクトに「あなたは……するべきだった」と言及することを避ける**ための手法である。以下の例のように、仮定法の If I were you, I would...「私だったら……」を使っても、同様の効果が得られる。if 節を省略しても意味は変わらない。

　○ *(If I were you,) I would* have finished by 3:00.
　　「3時までに終わらせたほうがよかったんじゃないかな」
　　　（←「私だったら、3時までに終わらせたんだけどなあ」）
　○ *(If I were you,) I would* have come sooner.
　　「もっと早く来たほうがよかったんじゃないかな」
　　　（←「私だったら、もっと早く来たのになあ」）
　○ *(If I were you,) I would* have told him sooner.
　　「もっと早く彼に言ったほうがよかったのに」
　　　（←「私だったらもっと早く言っていましたね」）
　○ *(If I were you,) I'd* go to the meeting.

185

「打ち合わせに行ったほうがいいんじゃないかな」
　　（←「**私なら**打ち合わせに行きますよ」）
○ *(If I were you,) I'd* finish this project by tomorrow.
「このプロジェクトは、明日までに終わらせたほうがいいんじゃないかな」
　　（←「**私なら**終わらせますよ」

　なお、「……するべきだ」という意味をもつ英語表現として、ほかにも you had better がある。しかし、**had better は「……するべきだ」という日本語よりも、もっと強い意味を持っている**ので、十分注意しなければならない。

△ *You'd better* get to work sooner or I'll fire you!
「早く仕事を始め**ないと**解雇するぞ」

　本来 had better は、この例文のように、「……しなさい。さもないと……」という意味で使われるもの。そのため、脅迫しているような響きや、嫌みを言っているような感じをともなう場合がある。これを避けるためには、やはり maybe を文頭につけるのが効果的だ。

○ *Maybe you'd better* get to work first.
「まず、仕事を始めたほうが**いいかもね**」

と、Maybe you'd better... という形にすることで、脅迫や嫌みのニュアンスを和らげることができる。
　それでは、「……するべきだ」という表現を含むいろいろな日本語の文を実際に英語にしてみよう。

「まず、ABC から先に電話**すべきでした**」
△ *You should* have called ABC first.
○ *Maybe you should* have called ABC first.
○ It *would have been better* if you had called ABC sooner.
　＊いちばん上の例は「電話しなかったのは、いかにもあなたらしいね」

という嫌みにとられてしまうおそれがある。

「彼は毎日顧客リストに目を通**すべきだ**」
△ *He should* look over the client list every day.
◯ *Maybe he should* look over the client list every day.
◯ *I think it would be good* if he looked over the client list every day.
◯ *We should* look over the client list every day.
　*いちばん上の例は、「でもあいつのことだから、しないだろうな」という嫌みにとられてしまう危険性がある。We should... なら、「みんなでがんばっていこう！」というニュアンスになり、問題なく用いることができる。

「やる気を無くすようなことは言う**べきではない**」
△ *You should avoid* say*ing* anything that would lower the motivation level.
◯ *Avoid* say*ing* anything that would hurt motivation.
◯ (*If I were you*,) *I wouldn't say anything* that would demotivate everyone.
◯ *Let's avoid* saying negative things. It'll hurt motivation.
　*You should... は批判めいた響きが強すぎる。また、you が主語になっているため、「個人攻撃」ととられてしまう可能性もある。

「予算については、今週の会議にかける**べきだ**」
◯ *We should* talk about this in this week's meeting.
◯ *Let's talk about* the budget in this week's meeting.

「効率よく終わらせるには、優先順位をみんなに知らせる**べきです**」
△ To finish efficiently, *you should* let everyone know the order of priority.
◯ *Let's let everyone know* the order of priority.
◯ *Maybe we should* let everyone know the priority.

＊最初に出した英文は、これまでのやり方に対する批判のように聞こえてしまう可能性があるので、避けたほうがいいだろう。

「迷いを見せる**べきではなかった**」
△ *You shouldn't have let* everyone know you were unresolved.
○ *Maybe you shouldn't have let* everyone know you weren't sure.
○ *(If I were you,) I wouldn't have let* everyone know I was uncertain.
◎ *Let's not let everyone think* we're unsure (in the future).
＊いちばん下の Let's not let... は、「これからは気をつけよう」という前向きな発言。

「もっと、研究者の言葉にも耳を傾ける**べきだと思います**」
○ *I think we should* listen more to what the researchers have to say.
○ *Let's not ignore* the researchers (in the future).
○ *We shouldn't ignore* the researchers.

55 ●「この頃」「現在」

「現代」「この頃」に対応する英語はいくつかあるが、実は細かな差異があることで問題が生じてしまう可能性がある。currently や now など「この頃」という意味を表わす表現が、それぞれどのくらいの「**時間的範囲**」を指すのかに十分に注意する必要がある。

たとえば currently は、

○ Japan is *currently* in a recession.
「日本は**現在**不況である」

○ I'm *currently* an MBA student.
「**現在** MBA の学生である」

○ This product is *currently* out of stock.
「この製品は**現在**在庫切れだ」

のように用いられる。currently は「**数日から数年**」の範囲を指すイメージの言葉であり、Japan is currently in a recession. は「**回復まで数年はかかる**」という含みが感じられる。つまり、currently は「ある程度のあいだ、今の状況がつづく」という裏の意味を持っているのである。

これに対して、now のほうは「**一時性**」が強調される。そのため、「**持続期間**」は currently よりも短めである。下の3つの例文で比較してみよう。

○ Japan is *now* in a recession.
「日本は**今（は）**不況である」（数か月で回復するイメージ）

○ I'm *now* an MBA student, but I'll be graduating in a month.
「**今（は）** MBA の学生ですが、あと１か月で卒業です」（数か月のイメージ）

○ This product is out of stock *now*.
「この製品は**現在**（一時的に）在庫切れだ」（数日、数週間のイメージ）

なぜこのような差異が生じるのだろうか。それは、now という言葉には、つねに then「その時（**now ではない時**）」という概念が付きまとうからである。「**今は……だが、やがて……になる**」というイメージが基本にあるため、now を用いる時には、つねに「**変化**」が意識されている。

「変化」をつねに念頭に置いて用いられる now には、こんなニュアンスもある。

○ *Now* Japan is in a recession.
「**ああ、日本は不況になっちゃった**」

○ *Now* I'm an MBA student.
「MBAの学生に**なってしまった**（**困った、困った**）」

○ *Now* this product is out of stock.
「在庫が切れて**しまった**（**やれやれ**……）」

これらの例文のように、nowが文頭に来る場合は、「……になってしまった」と、**好ましくない状態**について話をしているようなニュアンスになる。「起こってしまった変化を嘆いている」ように感じ取られてしまうため、そのようなニュアンスを込めたくなければ、文頭にnowを置くのを控えたほうがいいだろう。

「この頃」「最近」という意味を持つ単語として、ほかにもnowadaysがある。

△ *Nowadays* Japan is in a recession.
「**現在**、日本は不況にある」

△ I'm an MBA student *nowadays*.
「**今**、私はMBAの学生です」

△ *Nowadays* this product is out of stock.
「**現在**、この製品は在庫切れだ」

nowadaysは「この頃では」「当節」の意味ではあるが、**若い人はまず使わない**。80歳を越えたような老人が「昔と違って……」と嘆くニュアンスの単語である。そのため、たとえば、

○ *Nowadays* kids don't know how to make a campfire.
「（**昔と違って**）今の子供たちはたき火の仕方も知らない」

のような使われ方をする。

また、these daysにも「最近」「この頃」といった意味があるが、これは実は**かなりあいまいな言葉**である。these daysには、nowadaysのように「昔が

よかった」というニュアンスが含まれている。また、currently や now のように「いつからいつまで」という情報は含まれていない。そのため、非常に「**あいまい**」なイメージの表現であると言える。日常生活で使う上では何の問題もないが、情報を正確に伝える必要がある場合には避けたほうがいい。
　these days を違和感なく用いることができるのは、

- ○ I've been pretty busy *these days*.
「**この頃は**かなり忙しい」

- ○ Japan is in a recession *these days*.
「**最近**、日本は不況にある」

といった例である。特に「いつからいつまで」という情報を示す必要がなく、漠然としたイメージのままでよいのであれば、このように these days を使っても問題がない。しかし、

- △ I'm an MBA student *these days*.
「**現在**、私は MBA の学生です」

- △ This product is out of stock *these days*.
「この商品は**現在**在庫切れです」

といった場合は、違和感を禁じえない。「学生である期間」というのは**ある程度は特定可能**なものなので、漠然とした these days との組み合わせが奇異に思えてしまう。また、these days を用いることで、「**在庫切れ」の情報を必要以上に漠然とした形で示す**ことになり、非常に不自然な感じになる。「その商品ですか？　**ここのところ**、在庫切れですね。まあ、**はっきりしたことは言えないんですけどね**」などと言われたら、客はどう思うだろうか。
　このように、「この頃」を英語にする際には、表現の選択に十分注意する必要がある。しかし、実は、いちばん楽な英訳の仕方は、「訳さないこと」かもしれない。というのも、単に **be 動詞の現在形**を用いるだけでも、きちんと意味が通じる場合が多いからだ。特に「過去」「未来」との比較や対比を行なっ

ているのでなければ、「この頃」をわざわざ訳出する必要がないことも多い。

○ Japan *is* in a recession.
「日本は不況**にある**」

○ I'*m* an MBA student.
「私はMBAの学生**です**」

○ This product *is* out of stock.
「この商品は在庫切れ**です**」

それでは、「現在」「今」「最近」などの意味を含む日本語の文章を、実際に英語にしてみよう。

「**当節流行りの**フェイスブックをやっている同僚は多い」
○ A lot of my coworkers are doing the *currently popular* Facebook.
○ All my coworkers are on Facebook, *the latest fad (now)*.
  *currently popular には「今は流行っているが、そのうち廃るだろう」という含みを感じ取るネイティブも多い。

「**昨今の**経済情勢を考えると、ビジネスチャンスはそれほど多くないだろう」
○ Considering the *current* economic situation, there aren't so many business opportunities.
○ We don't have so many business opportunities *these days*.
○ There aren't so many business opportunities *nowadays*.
  *最後の There aren't so many... は「昔はチャンスが多かったのに」「昔はよかったのになあ」というニュアンス。

「残業をしたがらない**昨今の**風潮は、しかたがないことなのかもしれない」

- ○ The *current* trend to dislike overtime is probably inevitable.
- ○ Maybe it's inevitable that people don't want to work overtime *these days*.

「**現代の**環境問題は、一国だけでもはや解決できることではない」
- △ The *current* environmental problem is not something that one country can solve.
- ○ One country by itself can't solve the environmental problem.
    *current を入れると、「過去との対比」が強調されるので、やや不自然。ここでは、「現代」という言葉は訳出しないほうが自然な英語になる。

「**昨今の**国際情勢の厳しさから目をそむけては生き残っていけない」
- ○ We can't survive if we ignore *the current* tense global situation.
- ○ We can't survive if we ignore *what's going on* in the world.

「**現代では**、PC 操作ができなければ、職を見つけることさえままならない」
- ○ If you can't use a PC *these days*, you'll probably have difficulty finding a job.
- ○ PC skills are essential for finding a job *now*.

「**当節**、街角の小さな商店は流行らないのかもしれない」
- ○ *In these times*, it might be difficult for little street-corner shops to become popular.
- ○ Little street-corner shops are having a hard time *these days*.

56 ●「紹介する」「導入する」

　日本語の「紹介する」は、「人」「もの」「こと」に対して用いることができるが、英語の introduce は**「人を紹介する」**という意味しかないと言っても過言ではない。

　　「彼は私に同僚を**紹介した**」
　　○ He *introduced* his coworker to me.

　そのため、上記のような使い方が基本になる、
　日本語の感覚からすると、たとえば「彼は私に自分の計画を紹介した」を

　　△ He *introduced* his plan to me.

といった英語にすることができそうだが、これは誤り。下記の英文のように、

　　○ He *told* me about his plan.

「教えてくれた」「話してくれた」のようにしたほうが、自然な英文になる。
　辞書を引くと、introduce には**「導入する」**という意味もあるが、ネイティブは introduce を「人」に対して用いる動詞だと感じているため、たとえば

　　「工場にロボットが**導入された**」
　　△ The robot was *introduced* to the factory.

のような言い方を好まない。実際にネイティブが使うのは、

　　○ We *started using* a robot in the factory.

のような言い方である。

もう1つ例を見ておこう。

「わが社は新しいコピー機を**導入した**」
△ We *introduced* the new copy machine to the company.
○ We *installed* a new copy machine.
○ We *bought* a new copy machine.

やはり、ネイティブはこういう場合に introduce を使うことに抵抗を感じる。introduce は、どうしても「人」に対して用いるというイメージがあるため、この状況でこの語を使うと、まるで「こちらがコピー機です。どうぞよろしく」とでも言っているような感じがしてしまうのだ。

また、「導入」という意味で introduce を使うことには、もう1つ別の問題がある。次の文は（あまりよい文ではないが）、一体どういう意味だろうか。

△ The new system was *introduced* in March.

実はこの文は、2通りの解釈が可能である。すなわち、

○ ABC *started using* the system in March.
「ABC 社は3月にこのシステムを**使いはじめた**」

○ ABC *was told about* the system in March.
「ABC 社は3月にシステム**について話をされた**」

である。1つ目は「導入」、2つ目は「紹介」の意味になる。このような**意味のあいまいさ**があるため、introduce を「人」以外に使うことは、なるべく避けておきたい。

「紹介する」に相当する英語表現には、introduce 以外にも **refer** がある。introduce と refer のニュアンスには、かなり大きな違いがある。例文で見てみよう。

「彼は自分の会計士さんを私に**紹介してくれた**」

△ He *introduced* me to his accountant.
○ He *referred* me to his accountant.

　日本語の「紹介する」はある意味「万能」であるが、英語で introduce は、「**紹介する人**」「**紹介される人**」「**紹介する相手**」の 3 者が同席している場合に使うものである。そのため、メールや手紙での「紹介」の場合には、introduce を用いることはできない。ここで出した日本語は、「会計士という仕事相手の紹介」について言及しているので、普通に考えれば、「同席」よりも、「その仕事を紹介した」ということになると思う。そのため、introduce ではなく、refer を用いたほうがいいだろう。

　なお、refer はたとえば患者が別の医者を「紹介」される場合はもちろん、「**転院**」という意味でも用いられる。

○ The patient was *referred* to another hospital.
「患者は（**紹介されて**）別の病院に**送られた（転院した）**」

　このように、refer は人を紹介するだけでなく「参考になる人やことを紹介する」のように人間以外のことやものにも用いることができるのだ。

○ He *referred* me to ABC's financial report.
「彼は私に ABC 社の営業務報告書を**紹介してくれた**」

　最後に「紹介」「導入」を含む各日本語の例文を英語にしてみよう。

「わが社では作業の効率化を図る新システム**導入した**」
△ We *introduced* a new system to improve work efficiency.
○ We *started using* a new system to improve efficiency.
○ We have a new efficiency-maximization system.
　＊「導入した結果、保有している」ということで、have を使っても訳せる。

「そのソフトウエアを導入したおかげで、請求書の発送が格段にスムー

ズになった」
- ○ By using this new system, it's become much easier to send invoices.
- ○ The new system has made it much easier to send invoices.
 *new を使うことで、「(新たに) 導入された」というニュアンスを出せる。

「この度、わが社で開発しました新製品をご**紹介します**」
- △ I'd like to *introduce* you to a new product we developed.
- ○ Let me *tell* you about our new product.

「先日、会社の広報で**紹介**された本は、非常に中身の濃いものだった」
- ○ The book I was *referred* to by the public relations department was very in-depth.
- ○ The book the PR department *told* me about was meaty.
 *meaty は「内容の充実した」。

「弊社を ABC 社にご**紹介**願えませんでしょうか」
- △ Could you *introduce* us to ABC?
- ○ Do you think you could *refer* us to ABC?
- ○ Could you *give us a referral* to ABC?
 *introduce を使うと「実際に会って紹介する」ということになってしまう。

「新しいやり方を**導入**するのはリスクも高いが、やらなければならないことでもある」
- ○ The risk is high for *introducing* a new method, but we need to do it.
- ○ A new method might be risky, but we have to do something.

「上司は新しい経営メソッドの**導入**に熱心である」
- △ My supervisor is diligently working to *introduce* a new man-

agement method.
○ My supervisor is working hard to *bring in* a new management method.

57 ●「参加する」

　participate と join はどちらも「参加する」という意味を持つ英語の動詞であるが、実は**2つの意味は微妙に異なっている**。この違いをしっかり押さえておくことが、ネイティブ英語への近道となる。

　単に「参加する」と言いたいだけなら、join を使ったほうが「安全」である。なぜなら、participate は「参加する」だけでなく、**「その場で何らかの役割をはたす」**というイメージがあるからだ。

　たとえば、会議にあなたが「参加」していたとする。そんな時、議長が

　　○ I'd like everyone to *participate*.

と言ったら、どのような意味になるだろうか。実はこれは「自分の役割を果たしてください」、つまり**「傍観しているだけでなく、発言してください」**という意味なのである。他にも、

　　○ I *participated* in the conference.

と言えば、ただ話を聞いただけではなく、プレゼンをしたり、自分の意見を述べたことを意味する。ほかにも例をあげておこう。

　　○ Don't just sit there. *Participate*!
　　　「ただ座っているだけではなく、**何か発言してください**」

　　○ I'd like to go to the conference, but I don't want to *partici-*

pate!
　　「会議には行きたいが**スピーチしたり**はしたくない」

なお、「会議に参加する」という時には、**attend** を使うことが多い。

　　○ I *attended* the meeting.

と言えば、「ただ参加した」「出席（だけは）した」という意味になる。
　また、join the meeting という言い方もあまり用いられることはない。join は、

　　○ He *joined* the conversation.
　　「彼は会話に**加わった**」

　　○ He *joined* the club.
　　「彼はクラブに**入会した**」

のように「**加わる**」の意味で使われることがずっと多い。
　最後に、「参加」という言葉を含む日本語を英語にしてみよう。

　　「小規模会社も、いよいよ国際競争に**参加**しなければならない」
　○ Even small companies have to *participate* in the global competition.
　○ Now even small companies have to *compete* in the global market.
　○ Even small companies have to *compete* globally.
　　＊「競争に参加する」は participate in the competition で間違いないが、compete「競争する」1語で言い表わしたほうがシンプルでわかりやすい。

　　「今回の大規模プロジェクトに**参加**したい人は申し出てください」
　○ All those who would like to *participate* in this project, please

let me know.
○ Let me know if you'd like to *work on* a big project.
＊この場合は、participate in this project の代わりに join this project でもよい。

「その国際会議の**参加者**の数は、主催者側の想像をはるかに超えていた」
○ The number of *participants* in the international forum far exceeded the promoter's expectations.
○ Far more *people signed up* for the international forum than expected.

「**男女共同参画**が大きな話題になっている」
○ *Gender equality* is becoming a big issue.
○ *Gender equality* can no longer be ignored.

「国際機関に**参加**することで、メリットだけではなく、制限もきつくなった」
○ *Joining* the international organization brought not only merits, but it resulted in tighter restrictions.
○ *As a member of* the international organization, we received both merits and restrictions.
＊joining の代わりに participating in... を用いると、その機関の「責任あるポスト」についているニュアンスになる

「現在の経済状況を踏まえてわが社は国際市場への**参入**を決意した」
○ Taking into consideration the current economical situation, we decided to *enter* the global market.
○ The weak economy pushed us into the global market.

「女性の社会への**参画**により、システムの変更を迫られる会社は多い」
○ Due to more women *joining* the workforce, a lot of companies are being forced to change their employment systems.

○ Women *in the workforce* are putting pressure on companies to change their employment systems.

「わが社では夏季格安ツアーの**参加者**を募集しています」
○ We're looking for *participants* in our summer discount tours.
○ We're advertising *our* summer discount tours.

58 ●「実績」

「実績」に対応する英語は、主に results / performance / achievements などであるが、**使い方によっては不自然な英語になる**可能性が高い。
　さっそく例を見てみよう。

「彼の昨年の売上**実績**はよくなかった」
△ His *achievements* last year were poor.
△ His sales *results* last year were poor.
△ His sales *performance* last year was poor.

　上記の例文では、いずれも「実績」にあたる言葉を訳出しているが、どれもあまり自然な英文であるとは言いがたい。特にいちばん目の英文は、achievement が本来「**達成したもの**」「**業績**」という「**よいもの**」というイメージがあるため、poor が形容詞としてくるとどうしても不自然な感じがしてしまう。また他の２つの英文に関しても、意味的な重複感が大きすぎる。
　そもそも、sales という言葉自体に「売上の実績」という意味があるのだから、

○ His sales were *poor* last year.

のように言うのが自然である。
　あるいは、少し発想を変えれば、

◎ He *didn't do very well* last year.

のような訳も考えられる。
　「実績」として achievement を使いたければ、

　　　「彼の昨年の売上**実績**はかなりよかった」
　　○ His *achievements* (in sales) were outstanding.

のように、「よかった」という文脈であれば可能である。
　なお、「売上の実績が……」という文を作りたい場合は、

　　　「彼の売上**実績**はすばらしかった」
　　○ His sales were *great*.

のように、形容詞を用いてバリエーションを持たせることができる。high / strong / incredible / low / weak / terrible といった形容詞を使うことで、さまざまな状態を表わすことができる。
　というわけで、「実績」という表現を英語にする場合は、まず**「省いてしまう」**ことを検討してみよう。どうしても訳出する必要がある場合は、ニュアンスの違いに気を配るようにしたい。
　実際に、「実績」という言葉の入った日本語を英語にしてみよう。

　　　「ビジネスの世界では**実績**がすべてである」
　　○ In the business world, *results* mean everything.
　　○ *Results* mean everything in business.
　　　＊よいものと悪いものの両方を含めるので、「結果」という意味の results がもっともふさわしい訳語である。

　　　「この分野でのわが社の**実績**は誇ることができる」
　　○ In this area, we can boast of our *achievements*.
　　○ We're proud of our *achievements* in this field.

「実績」

「わが社の派遣業ビジネスの**実績**はかなり高い」
○ Our *achievements* in the temporary staffing business are quite good.
○ *We've done really well* in the temp business.
　*「実績が高い」ということは、「商売がうまくいっている」ということなので、こんな英語にしてみよう。

「**実績**にあぐらをかくことなく、新しい挑戦をつづけていかなければならない」
○ We can't just sit on our *achievements*. We need to continue to try new things.
○ We can't sit on our *laurels*. We have to keep on trying.
　* rest [sit] on one's laurels は「これまでの実績に満足してあぐらをかいている」ということ

「日本のODA**実績**はこの表を見ればよくわかる」
○ If you look at this table, you can see Japan's ODA *amounts*.
○ This table shows Japan's ODA.

「わが社は小さな会社ですが、**実績**を評価していただければありがたいです」
○ We're a small company, but we'd like you to consider our *achievements*.
○ We're not big, but *we've accomplished a lot*.
　*have accomplished a lot は「多くのことを成し遂げてきた」「多くの実績を積み上げてきた」ということ。

「彼は多くの**実績**を残し、会社を去ることになった」
○ He left the company after having made many *accomplishments*.
○ He *accomplished a great deal* while here.

203

「先遣隊の**実績**がなければ、その後の活動はこれほどスムーズには運ばなかっただろう」
- ○ Without the *accomplishments* of the advance team, the work done later would not have gone so smoothly.
- ○ The advance team *made it much easier for* those to come.

59 ●「責任」「責任者」

「責任」という言葉を英語にする場合、やはりまずは **responsibility** を用いることを検討するのが正しい。「責任のある」という意味の形容詞であれば responsible、「責任を取る」であれば take responsibility とある。ビジネス分野や日常でも使用頻度の高いこれらの言葉が、**本来の意味で正しく使われていない場合も多々ある**のが現状である。

たとえば、「この件は、あなたが責任を持ってください」という日本語を英語にしてみよう。

△ This is your *responsibility*.

実は、誰でも思いつきそうなこの訳文は、かなり不自然である。このような文をネイティブが使うのは、たとえば何かクレームが来たり、物事がうまくいかなかったりした場合、つまり**「事後」**である。換言すれば、**「これはあなたのせいです」「責任を取ってもらうからね」**という意味なのである。人に依頼する場合にも使えないことはないが、**かなり威圧的**になってしまうので、十分に注意しなければならない。

より自然な言い回しは、以下のようなパターンである。

- ○ I'd like you to be *in charge of* this.
- ○ Could you be *over* this?
- ○ Would you mind *taking care of* this?

「……の担当である」という意味の be in charge of... を使ったり、「……の面倒を見る」という意味の take care of... を使うことで、このようにうまく処理することが可能になる。

もう1つ例を見てみよう。

「これは私の**仕事**ではありません」
△ It's not my *responsibility*.
○ I'm not *over* that.
○ I'm not *in charge of* that.
○ That's not *my area*.

It's not my responsibility. は、どちらかというと**「私のせいではありません」「私は悪くありません（=I'm not to blame.）」**という意味で使われる表現である。

また、responsibility の形容詞形である responsible には、実は2つの意味があることに注意しておこう。次の文は、どういう意味だろうか。

○ He's *responsible*.

実はこの文は**「彼が悪い（彼のせいだ）」**という意味にも、**「彼は責任感のある人だ」**という意味にも解釈が可能なのである。

○ He's *responsible*. I think we should fire him.
「彼が**悪い**。首にしよう」

○ He's *responsible*. I think we should hire him.
「彼には**責任感がある**。雇おう」

そのため、このように、まったく正反対の状況が想起できるのだ。これは、あまりにややこしいので、ネイティブは person を用いて、以下のように区別している。

○ He's *a responsible person*.
「彼は**責任感がある人**だ」

○ He's *the person who's responsible*.
「こうなったのは彼**のせいだ**」

また、take responsibility にも、「**責任を取る**」「**悪いと認める**」という、2つの意味がある。

○ He *took responsibility* for the project.
「彼はプロジェクトの**責任を引き受けた**」

○ He *took responsibility* for the mistake.
「彼は自分が**悪かったと認めた**」

しかし、どちらの文もプラスイメージの印象であるため、ネイティブは特に区別はしていない。そのため、文脈からどちらの意味であるかを適切に判断する必要がある。
「責任を取る」ではなく「**責任者になる**」と言いたい時には、

○ I'd like you to be the person *in charge*.

のように、person in charge という言い方を用いる。また、「プロジェクトの責任者」などの場合は、project leader のように、leader を使って表わすことができる。ほかにも、the point person / the go-to person / the principal などが、「責任者」の意味を持つ英語表現である。変わり種としては、honcho というのがある。これは、日本語の「班長」からきた言葉で、

○ Who's *the* (*head*) *honcho* here?

と言えば、軽いノリで「ここの責任者は誰？」と尋ねる質問になる。
最後に、「責任」という言葉を含む日本語の文を、それぞれ英語にしてみよう。

「まずこの件の**責任者**と話をさせてください」
- I'd like to first talk to *the person in charge* of the matter.
- Could I first talk to *the manager*?

「私が**すべての責任を取り**ますので、この方法を試させてください」
- I'll *take full responsibility*, so please let us try this method.
- If this method doesn't work, I'll *take responsibility*.
  *full「すべての」は省いてしまっても、ニュアンスはほとんど変わらない。

「あなたが**責任を取る**と言ったところで、非難は免れないよ」
- Just because you say you'll *take responsibility*, that doesn't save you from criticism.
- Saying you'll *take responsibility* doesn't get you off free.
  *get you off free は「何も罰を受けないままですむ」。

「わが社は、自社製品は**責任を持って**市場に送り出しています」
- We *take responsibility* for our products when we ship them to market.
- We *guarantee* the quality of every item we ship.

「**責任の取り方**は人によって違う」
- *The way to take responsibility* depends on the person.
- We all have our own *way of taking responsibility*.

「**責任の所在**を確かめてから、この件に対応するつもりだ」
- I'll verify *who has responsibility* for this matter, and then I plan to respond.
- I'd like to respond to this matter after verifying *who is in charge*.
- I'll get back to you after I found out *who's in charge*.

「わが社の**最高経営責任者**は世界的にも名の知れた人物だ」
- The *CEO* of our company is well-known around the world.
- People around the world know our *CEO*.

　*CEO は Chief Executive Officer の略

「この春から**情報統括責任者**になりました」
- I'll be *in charge of information management* from the spring.
- I'll be the *CIO* from April.

　*CIO は Chief Information Officer の略。「最高情報責任者」。

60 ●「従業員」「社員」「スタッフ」

　「従業員」に対応する英語ですぐ思いつき、また使用頻度も高いのは **employee** であろう。employee は、実際に日常会話でもよく使われている。しかし、employee は厳密には**「法律用語」**であり、国や州によっては意味が変わってしまう。場所によっては、employee の定義を「各種保険を会社が負担する社員」であると定めているため、会社側としては、無用な負担を避けるために、この言葉を不用意に使用することを避けるのである。また、employee には employer（雇用主）の「言いなり」になって「ただ言われたことをこなす」というネガティブなイメージがともなう場合もある。このような注意すべき点はあるものの、日常会話では、employee という言葉が特に問題なく多用されている。

　employee の代わりに **worker** を使うパターンも考えられるが、実はこの言葉には「頭を使わない肉体労働者」というイメージがあり、そう呼ばれることを好ましく思わない人もいる。特に 1930 年代のアメリカでは共産党が The Worker's Party と呼ばれていたこともあって、マイナスイメージを持つ人が多いのが事実である。**laborer** にも同じイメージがあり、これも避ける傾向が見られる。

　日本語では、「スタッフ」というカタカナ語が「従業員」の意味で使われる

ことが多いが、

> 「新しい**スタッフ**が2人入りました」
> × We have two new *staffs*.
> ○ We have two new *employees*.

「1人ひとり」の従業員のことを staff と呼ぶことは通常できない。「従業員」という意味の staff は、

> ○ I have *a big staff*.
> 「私には大勢の**スタッフ**がいる」
>
> ○ Everyone on *our staff* is well-trained.
> 「わが社の**スタッフ**はみな訓練が行き届いている」

のように、集合名詞として使うことが多い。

また、staff は「会社全体」を指すことよりも、以下に記す例文のように、**1人の上司の下にいる「部下（たち）」**というイメージが強い。そのため、company staff という言い方はあまり用いられない（company staff members とすれば自然な英語になる）。

> 「**私の部下**は土曜に出勤し、彼の部下は日曜に出勤している」
> ○ *My staff* works on Saturdays and his staff works on Sundays.

「従業員」という意味を持つ単語として、ほかにも associate や partner を覚えておこう。

> 「わが社には570人の**従業員**がいます」
> ○ In our company, there are 570 *associates*.
> ○ In our company, there are 570 *partners*.

なお、日本語では「私は会社員です」という言い方に何の違和感もないかもしれないが、英語の場合、

△ I'm *a company employee*.

という言い方には、少し奇妙な感じがある。こんなあいまいな言い方をするよりも、

○ I'm *an accountant*.
「私は**会計士**です」

○ I'm *an engineer*.
「**エンジニア**です」

○ I *work for ABC*.
「**ABC 社に勤めて**います」

○ I *have my own company*.
「**自営業**です」

のように具体的な仕事内容や会社名を出すのが自然である。
「新たに従業員を雇う必要がある」と言う時も、

△ We need to hire *a new employee*.

のような漠然とした言い方ではなく、

○ We need to hire *a new accountant*.
「**新しい経理担当者**を雇わなくてはならない」

○ We're looking for *a full-time accountant*.
「**フルタイムの経理担当者**を探している」

「従業員」「社員」「スタッフ」

などの具体的な表現を用いるようにしたい。

それでは、「従業員」「スタッフ」といった言い方を含む日本語を、実際に英語にしてみよう。

「わが社の従業員は非常にやる気があります」
- ○ *Our employees* are very motivated.
- ○ *We*'re a highly motivated company.
  * このように we を用いて「社員全体」を指すことも可能である。

「従業員の待遇を改善したいと思っています」
- ○ We have a desire to improve the treatment of *our employees*.
- ○ We want to treat *our staff* better.

「最近介護スタッフに対する要求が高まっている」
- ○ The demands on *home helpers* are increasing.
- ○ *Home-care workers* have to do more and more.

「従業員間のコミュニケーションの欠如が、プロジェクト失敗の主原因である」
- ○ The lack of *communication among the team members* was a major reason the project failed.
- ○ Poor *in-house communication* ruined the project.

「従業員募集の広告を新聞に載せてもいいですか」
- ○ Would it be okay to place *a help-wanted ad* in the newspaper?
- ○ How about *an ad* in the paper *to get some applicants*?

「派遣社員として働きはじめて 10 年になる」
- ○ I've been working as *a temporary employee* for 10 years.
- ○ I've been *a temp* for 10 years.

61 ●「社会」

　「社会」と言えばsocietyとすぐ出て来るほど、societyは日本でも根付いている単語ではあるが、アメリカ人にとっては、**実はあまりいいイメージがない**ことも事実である。

　societyの形容詞形であるsocialは、本来social responsibility「社会的責任」のように使われる。また、social partyと言えば、アメリカ人には社会主義を想起させ、自動的にプラスのイメージを持たないことになる。

　しかし、ITが普及した現在では、social mediaやsocial networkのようにIT関係が使うsocialの単語の幅はずっと広がっている。また、She's very social. と言えば、「彼女は友だちが多い」と一応「よい意味」になり、つねにマイナスイメージになるわけではないが、しかし、**日本語ほどポジティブではない**と意識しておいたほうがいいかもしれない。

　また、societyという言葉には、どことなく「冷たさ」のようなものが感じられる。societyというと、どうしてもorder of the society（社会の秩序）といった堅苦しい言葉が浮かんできてしまうのだ。そのため、たとえば「ABC社は社会に貢献する企業でありたい」という文を、

　　△ ABC wants to contribute to *society*.
　　△ ABC wants to become a company that contributes to *society*.

のような英語にしてしまうと、今一つピンとこない。societyはややもすると大げさな響きもあり、そこまでは望んではいないと考える人もいるかもしれない。この文はおそらく会社案内などで使うことが想定されているのだから、会社のイメージをポジティブに伝えることが重要なはずである。その場合、societyを用いずに、

　　○ ABC wants to contribute to the *community*.
　　○ ABC is contributing to the *community*.

のような英語にしたほうがいい。社会学者などが使うsocietyやsocialが親しみのない単語である一方、communityと聞くと、「家族」「友だち」「学校」など、身近なことが、肯定的に連想される。このように、**多くの場合にはsocietyの代わりに、「温かみ」のあるcommunityを使うのがベスト**と言える。

また、日本語では「**社会人**」という言葉が多用されるが、「彼は社会人になった」を、そのまま

　　△ He became *a member of society*.

という英語にしても通じない。**英語の感覚では、人は生まれ落ちてすぐa member of society（社会の一員）になると考える**ため、日本語の「社会人」の持つ「就職している人」という意味にマッチしないのである。そのため、

　　○ He became *a productive member of society*.

のような英語にしなければならない。

ちなみに、「社会」と切り離せないものの1つにwelfare「福祉」があるが、この「福祉」という言葉に対するイメージも、英語と日本語ではかなり異なっている。

　　「福祉が充実した街」
　　△ A Town with a Good Welfare System
　　○ Watching Out for the Welfare of Our Citizens.

これは街のスローガンによくあるような言い回しであるが、**日本語の「福祉」のようなプラスのイメージをwelfareは持っていない**。働けるのに働かない人が生活保護を受けていることが大きな社会問題になっているアメリカでは、「生活保護」までを意味に含むwelfareという語の評判は悪いのだ。そのため、good welfare systemと聞くと、ネイティブの頭には「働かなくても食べていける」というイメージが浮かび、A Town with a Good Welfare Systemというスローガンを掲げる街は、まるで「仕事をしない人たちの溜まり場」であるかのように思われてしまうだろう。

同じwelfareでも、the welfare of... という形にすれば、「生活保護」のイメージではなく、人びとの「幸福」「安寧」「福利」というプラスのイメージになる。「社会」という言葉を含む日本語の文を、実際に英語にしてみよう。

「**社会の片隅**で生きる人びとにも福祉を行き届かせなければならない」
○ We need to make sure that even the people on *the edges of society* are taken care of.
○ We need to make sure everyone receives the basic necessities.
*the edges of society は一種の決まり文句。

「**ネット社会**の弊害が言われているが、それでもネットなしでは何もできない」
○ We talk about the bad effects of *the Internet society*, but we can't do anything without it.
○ We may complain about *the Internet society*, but we couldn't survive without it.
*the Internet community という言い方もあるが、こちらはプラスイメージの言葉。この文では、マイナスイメージの言葉が求められているので、societyのほうが適切である。

「大企業には**それなりの社会的責任**がある」
○ Large companies have *a certain responsibility to society*.
○ Corporations *owe something to the community*.
*responsibility というマジメな言葉に合わせるのなら society を使い、温かみを出すなら community を用いればよい。

「**社会でひとり立ちする**日が近づいている」
○ I'm getting close to the day when I will *become a productive member of society*.
○ I'll be *starting to work* soon.

「**社会の中で孤立している人**が年々増えている」
- *The isolated in society* are increasing each year.
- More and more people are becoming isolated.

  *the isolated は the isolated people の意味。〈the ＋形容詞〉の形で「……な人びと」という意味になる。

「最近では**社会人**のための学びの場が充実している」
- There are good places for *productive members of society* to study while still working.
- There are a lot of good opportunities to study *without quitting your job*.

  *「社会人のままで勉強する機会」と考えれば、2番目の英文のようになる。

「**調和の取れた社会**で生きていくことが安寧につながる」
- Living in *a community where there's harmony* leads to peace of mind.
- *A peaceful community* gives you a feeling of well-being.

  *プラスイメージの話をしているので、community を使ったほうが伝わりやすい。

「**中流社会**に属していると思っている人の数が減少している」
- The number of people believed to belong to *the middle class in society* is declining.
- *The middle class* is disappearing.

  *「社会階級」のような話をする場合は、society が用いられる。

62 ●「早める」「遅らせる」

　予定を「早めたり」、アポイントの時間を「遅らせる」など、時間の調整作業はとても重要である。しかし、こうした表現を適切に英語で用いることは、意外とむずかしいものだ。
　たとえば「出荷日を早める必要がある」という日本語を英語にしてみよう。

　　△ We need to *speed up* our shipping.
　　△ We need to *accelerate* our shipping.

　上記2つの英文は、どちらも通じないことはないが、不自然である。speed up や accelerate は確かに「早める」という意味ではあるが、**動作や何かの動きを加速したり、速めたりすること**なので、出荷する作業そのものを速める、つまり**動きを速くする**という意味になってしまう。
　より適切な訳は、

　　○ We need to *move up* the shipping date.

である。この move up には「前倒しする」の意味があり、「出荷日を前倒しする」つまり「早める」ということになる。あるいは、

　　○ We need to *move up* the shipping date by three days.
　　　「出荷日を3日**前倒しする**必要がある」

　　◎ We need to *change* the shipping date from August 9 to August 6.
　　　「出荷日を8月9日から8月6日へと**変更する**必要がある」

のように、変更内容を具体的に示せば、さらに適切な言い方となる。
　また、「遅らせる」の場合も、先ほどと同様の理由で、slow down や decel-

erate は不適。「動作をゆっくり行なう」というイメージになってしまうからである。

○ We need to *move back* the shipping date.
「出荷日を**遅らせる**必要がある」

のように、move up の反意語である **move back** を用いるとよい。
move up / move back の代わりに、**advance / delay** を用いてもよい。

○ We need to *advance* (*delay*) the shipping date.
「私たちは出荷日を**早める**（**遅らせる**）必要がある」

○ Would it be okay to *delay* the meeting until Friday?
「打ち合わせを金曜日まで**延期**してもいいですか」

また、「延期する」という意味の postpone を、次の例文のように「遅らせる」という意味で使うこともできる。

○ I'd like to *postpone* the campaign by three weeks.
「キャンペーンを3週間**遅らせたい**」

しかし、advance / delay / postpone は、やや固い言葉である。ビジネスで使う分にはまったく問題ないが、友人同士の会話ではあまり使われない。
ちなみに、「早める」「遅らせる」に個人的な感情を込めた「焦って拙速に行なう」「グズグズして遅らせてしまう」といった表現は、こんな英語にするといいだろう。

「**焦らないで**」
○ *Don't do it in haste.*
○ *Don't be too hasty.*

「**グズグズしないで**早く仕事をしなさい」

○ *Stop procrastinating* and get to work.

　　「君は、才能はあるんだが、**グズグズしすぎる**」
　　○ You're talented, but you *procrastinate too much*.

　　「私たちが遅れたのはあなたが**グズグズしていた**からだ」
　　○ We were late because you *procrastinated*.

　この procrastinate は「グズグズする」「(怠けて) 先延ばしにする」の意味で、マイナスイメージの言葉である。
　それでは、「早める」「遅くする」などの意味を含むさまざまな日本語の文を、実際に英語にしてみよう。

　　「お盆渋滞を見越して、わが社では夏季休暇を**前倒しした**」
　　○ We *moved up* our summer vacation to avoid the crowds.
　　○ We *took our summer vacation at the end of July* to avoid the crowds in August.
　　＊具体的に「いつ」ということがわかっているなら、2番目の英文のような訳のほうがわかりやすくなる。

　　「景気の回復が**予想より早まった**」
　　○ The economical recovery *took place faster than expected*.
　　○ Japan recovered *quicker than anticipated*.

　　「会社に辞表を出したのは**早まった**かもしれない」
　　○ Maybe I submitted my resignation *too soon*.
　　○ Maybe *I should have thought longer* before quitting.

　　「予報では梅雨明けが**例年より早まる**ようだ」
　　○ According to the forecast, the rainy season will end *sooner than normal*.
　　○ The rainy season will be *shorter than normal* this year.

「会議の開始時間を1時間**遅らせました**」
- The starting time of the meeting *was moved back* by one hour.
- The meeting's *at 2:00 instead of 1:00*.
　*2番目の例文のように「開始時間が何時に変更になったのか」を伝えるほうが親切である。

「合併の公表を1週間ほど**遅らせ**ましょう」
- Let's *postpone* the announcement of the merger by one week.
- Let's *put off* the merger announcement by a week.
- Let's announce the merger *on January 10 instead*.
　* 上の用例のうち、「公表を行なう日をいつに変更するのか」を伝えるいちばん下の例文が、ビジネスでは最適。

「不景気のあおりで、新規採用を**遅らせる**他はなかった」
- Because of the recession, we had no other choice than to *delay* hiring new employees.
- The recession forced us to *postpone* any hiring.

「出張を**遅らせる**には正当な理由が必要です」
- If you want to *put off* your business trip, you'll need to have a valid reason.
- You need a valid reason to *delay* your trip.
　* 英語には「出張」のように1語で表わす言葉はなくbusiness tripを使う。ビジネスの場面であればtripだけでも伝わる。

63 「量」

「量」は amount と訳され、a/an XXX amount of... という形でよく使われている。しかし、この表現を用いる場合、**本当に用いる必要があるかをまず検討してみる**ことを勧めたい。

たとえば「大量の投資が必要だ」という文を英語にしてみると、

△ *An enormous amount of* investment is needed.

という英文が、まず考えられる。しかし、よく考えてみよう。amount は必要だろうか？ 実は、

○ An *enormous* investment is needed.

のような英語にすることが可能なのだ。むしろ、このほうが、すっきりとした自然な英文になっていると言える。investment は不可算名詞であり、特に amount を付ける必要はない。

ほかにも例を見てみよう。

「プロジェクトを完了するために**相当な**時間が必要だった」
△ It took *a large amount of* time to finish the project.
○ It took *a long* time to finish the project.

「**そこまで多くの**紙は必要ではない」
△ We don't need *such a large* amount of paper.
○ We don't need *so much* paper.

このように amount があっても間違いとはならないが、特に必要ない場合は省いたほうがずっとスッキリした文になる。

amount を用いる必要があるのは、たとえば、下のような場合である。

「量」

「日本は**ほんの少量の**レアメタルしか輸入しなかった」
△ Japan imported *very little* rare metals.
○ Japan imported *a very small amount of* rare metals.

little だけでは「ほんの少量」という意味なのか、それとも「サイズの小さい」という意味なのかを判別することがむずかしい。このように、**サイズと量が混乱する可能性がある場合には amount を使う**ことで混乱を避けることができる。

なお、「量」を表現する場合、なるべく**具体的**に表現するようにしたい。特にビジネスなどでは、量の多寡は大きな損害につながる場合もあるからだ。

○ It took *a long time* to finish the project.
「プロジェクトを終えるのに**長い時間**かかった」
◎ It took *five weeks* to finish the project.
「プロジェクトを終えるのに **5 週間**かかった」

○ We don't need so *much* paper.
「紙はそんなに**大量に**必要ない」
◎ We don't need *45 boxes* of paper.
「紙を **45** 箱は必要ない」

○ We'd like to buy *a small amount of* desks.
「机を**少量**購入したい」
◎ We'd like to buy *10* desks.
「机を **10 個**購入したい」

また、量と同じように色、大きさ、スピード、時間などを英語にする時は、なるべく**余計な言葉**を排除しよう。

「彼は**大**企業に勤めている」
△ He works for a *large-size* company
○ He works for a *large* company.

「彼女は**青い**車に乗っている」
△ She drives a *blue color* car.
○ She drives a *blue* car.

「**快速**で行きましょう」
△ Let's get on a *fast-speed* train.
○ Let's get on a *fast* train.

「私たちは**ひと休み**した」
△ We took a *short time* break.
○ We took a *short* break.

それでは、「量」の具体的な訳し方を、例文を通じて見ていこう。

「これが二酸化炭素の国別**排出量**です」
△ This shows *the amount of* dioxide *emissions* by country.
○ This shows carbon dioxide *emissions* by country.

「生産**量**が消費**量**を超えました」
△ *The amount* produced was larger than *the amount* consumed.
○ We made more of *these* than was needed.
◎ We made 300 more *units* than we sold.
 ＊最後の文のように、どのくらい超えたのかを具体的に示すことが望ましい。

「わが社は**量より質**の製品作りをめざしています」
△ We're trying to make products of *a higher quality than just a larger amount*.
○ We focus on *quality over quantity*.

「**大量の**画像を取り込みたいのです」

○ I'd like to input *a large amount of* photos.
  * このように「大量であること」を強調するのであれば、a large amount を使うのも自然。

「**多量の**データを保存するメモリー・スティックが必要です」
△ I need a memory stick that will hold *a large amount of* data.
○ I need a *large* memory stick.
◎ I need a *32GB* memory stick.
  * できれば具体的な「大きさ」を示したほうがいい。

「事務所を引っ越したあとに**多量の**ゴミを廃棄しなければならなかった」
△ We needed to dispose of *a large amount of* garbage created after we moved.
○ We needed to dispose *a lot of* garbage after we moved.
◎ We needed to dispose *30 boxes* of garbage after moving.
  * 具体的な「量」がわかっていれば、このように示したほうがわかりやすくなる。

「どの会社もエネルギー消費量を減らしたい」
△ Every company would like to reduce *the amount of* energy they use.
○ We'd all like to *conserve energy*.

64 ●「尊敬」

どんな辞書でも「尊敬」の訳語として respect を載せているが、**日本語の「尊敬」と英語の respect の語感にはかなりの差がある。**
たとえば I respect her. と言えば「私は彼女を尊敬している」という意味に

なるが、もし He doesn't respect me. と言えば「彼は私を尊敬してくれない」ではなく**「私を認めてくれない」**という意味になる。すなわち、respect には**「尊敬する」**と「認める」の両方の意味があるのだ。

I need your respect. は**「私を認めてください」**というニュアンスである。日本であれば、目下が目上に対してかける言葉であるが、英語ではどちらかと言えば上司が部下に対して述べる意味合いの強い言葉であり、I need your support. 「君の応援が必要だ」に近い意味になる。

また**「権利」**に関わる表現としても用いられる。たとえば、上司が部下の机の上に私物を置き、そのままにしていたとしよう。そんな時に、部下が

　　○ I feel like you don't *respect* me.

と言ったとしよう。「私を尊敬していないのですね」という意味では、もちろんない。実は、これは I feel like you don't respect my rights. の省略で、「あなたは私の権利を無視しています」という意味になる。つまり、この respect は「尊敬する」ではなく「尊重する」というニュアンスである。

また、He earned my respect. は直訳すれば、「彼は私の尊敬を得た」すなわち**「がんばったので彼を尊敬した」**ということになる。

このように、respect には「相手を認める」、そして「認めた上で敬う」というニュアンスがあるのだ。

respect のニュアンスを知るために、例を見てみよう。

　　「彼はいつもていねいである（謙遜している）」
　　△ He's always *polite*.
　　○ He's always *respectful*.

「ていねい」と言えば polite が真っ先に思い浮かぶが、polite の「ていねい」は「礼儀作法」のことであるため、実は**「よそよそしい」**という含みがある。一方、respectful は「相手のことを認め、相手への敬意を持っている」という意味になるため、**「物腰がていねいで、相手を思いやっている」**というニュアンスになる。

「尊敬」を含む日本語のさまざまな文を、英語にしてみよう。

「尊敬」

「社長は社員の**尊敬を一身に集めている**」
- The president *has the respect* of all the employees.
- He's *earned everyone's respect*.
  * 「みなから尊敬されるだけのことをしている」というニュアンス。

「**尊敬できる**上司の下で働くのが働く者の願いである」
- All employees would like to work for *someone they can respect*.
- We all want to work for *a respectable person*.

「面接では必ず**いちばん尊敬する人**を尋ねられる」
- In interviews, I'm always *asked whom I respect the most*.
- I always get *asked who I respect the most*.

「最近の若い社員は**敬語**を使うことができない。
- The younger employees don't know how to use *honorific language*.
- The younger employees don't use *respectful language*.
  * 尊敬語は honorific language が正式だが、敬語を意識しない外国人にはピンと来ない場合もある。respectful language なら、誰にでも確実に理解される。

「彼の PC 技術は**尊敬に値する**」
- His computer skills *are worthy of respect*.
- I *admire* his computer skills.

「私の彼に対する**尊敬の念**は、彼の軽はずみな行動で簡単に覆された」
- All my *respect* for him was destroyed by his thoughtless behavior.
- His thoughtless behavior made me lose all *respect* for him.

65 「普及」

　日本語の「**普及**」はある意味万能であり、かなり広義の意味を持つ言葉として、日常でもビジネス分野でも、とても便利に使われている。しかし、「普及」を英語にしようとしても、なかなかうまくいかないのである。
　たとえば、「携帯電話は小学生まで普及している」という日本語を英語にしてみよう。

　△ Mobile phones *have spread to* even elementary school students.

これは、あまりいい英訳とは言えない。ものすごい量の携帯電話が津波のように押し寄せているような絵が浮かんでしまう。以下のように、

　○ The use of mobile phones *has spread to* even elementary school students.

the use を入れることで、元の日本語の意味をほぼ正確に表わすことができる。しかし、実は、あまりこれは自然な英文ではない。
　「普及」を英語にする場合、**spread / diffuse / promote / propagate** といった表現を使うことが考えられるが、それぞれのニュアンスを確実に押さえておきたい。
　まず、spread は「**広める**」という意味合いが強い。

　○ We *spread* fertilizer on the garden.
　　「庭に肥料を**撒いた**」

　○ She *spread* a rumor about me.
　　「彼女は私の噂を**広めた**」

○ Someone is *spreading* groundless rumors.
「誰かが根拠のない噂を**広めている**」

そして、diffuse は「**薄い状態で広まる**」というイメージが強い。

○ As the poison spilled in the water, it became *diffused*.
「毒が水にこぼれると、**広がって**いった」

diffuse は「携帯電話の普及」には使えない。
promote は、厳密には「普及する」よりも「**普及させようとする**」の意味合いが強い。

○ He tried to *promote* a new method, but no one was interested.
「彼は新しい方式を**普及させようと**したが、誰も興味を持たなかった」

propagate は「**思想や信仰などを普及させたり、伝播させるイメージ**」があり、商品やものにはあまり使われない。

○ He *propagated* his lies on his blog.
「彼は自分の虚言をブログで**広めた**」

つまり、どのように訳しても、日本語の「普及」に完全にマッチした英文は得られないのである。この「普及」という日本語にかぎった話ではないが、満足のいく訳語が見つからない時は、無理にあてはめようとせず、**まったく別の発想から新たな言葉を探す**のがよい。「普及」を英語にする場合は、まったく別の表現を使うことが多いのだ。
たとえば、冒頭で取り上げた「携帯電話は小学生まで普及している」を英語にするときは、

○ Even elementary school students *have* mobile phones.
「小学生でさえ携帯電話を**持っている**」

のように、have を使ってシンプルな英語にしてしまうのがベストである。もう 1 つ例をあげよう。

　　「今やスマートフォンの**普及率**はすごい」
　○ *A lot of people have* smart phones now.
　○ Smart phones are *everywhere now*.
　○ Smart phones are *in wide-spread use*.

　結局、このように **have** や **be 動詞を使った簡単な構文を用いたほうが、元の日本語に近い訳文になる**のである。なお、「普及率」は、以下の例文のように、saturation level / penetration rate / diffusion rate などを使うこともできるが、いずれも主に専門家が使う言葉であり、日常会話ではあまり使われない。

　○ *The saturation level* is 40 percent.
　　「**普及率**は 40 パーセントである」

　○ *The penetration rate* is 90 percent.
　　「**普及率**は 90 パーセントである」

　○ *The diffusion rate* is expected to reach 80 percent.
　　「**普及率**は 80 パーセントに達する見込みである」

最後に「普及」を含む、さまざまな日本語の文を、実際に英語にしてみよう。

　　「携帯電話の**高い普及率**により、コミュニケーション方法は大きく変化している」
　○ *The high penetration level* of cell phones has dramatically changed communication.
　○ Cell phones have changed the way we communicate.
　　＊上のほうの英文は、正確な英訳だが、専門的すぎる。「携帯電話の普及が高い」ことは、周知の事実であるから、場合によっては「普及率を省略した」2 番目の英文のようにしてもいいだろう。

「まず政府がとり組まなければならないのは新しいシステムの**普及**だ」
○ The government first has to focus on *propagating* the new system.
○ The government has to first *get everyone to use* the new system.
*get everyone to use... は「みんなに……を使わせるようにする」ということで、まさに「普及」のことである。上のほうが専門的な言い方で、その下は一般的な言い方である。

「この製品が**普及している**今こそ、次の商品を発売すべきである」
○ Now with this product at a high *saturation* level, we need to put the next product on the market.
○ We need to get out our next product while this one is still *doing well*.
 * 上は専門的な言い方、下は一般な言い方。

「パソコンの**普及率**とその使用頻度を調べてください」
○ Could you investigate the PC *penetration rate* and the usage frequency?
○ Find out *how many people use* PCs and how often.
 * 上は専門的な言い方、下は一般的な言い方である。frequency もやや固い言葉なので、how often を使ったほうが一般には「とおり」はいい。

「フェイスブックは日本にも**普及する**のだろうか？」
○ Do you think that Facebook will *have a high diffusion rate* in Japan?
○ Do you think Facebook will *be popular* in Japan?
*diffusion rate は、かなり高度な専門用語。

「新しい農法はほとんどの地域に**普及している**」
○ New methods of farming *has been implemented* in most ar-

eas of the country.
- The new methods *are being used on most farms*.

「超レアものであったその本の**普及版**がでることを聞いて狂喜した」
- I was really happy to hear that *a popular edition* of this exceptionally rare book was going to be published.
- I was thrilled to learn that this rare book is going to *be republished*.

「テレビが**普及し**はじめた頃、これが大きなビジネスチャンスととらえた人は先見の明があった」
- When the TV first started to *become popular*, people who realized that this was a big business opportunity had foresight.
- As TVs started to *become common*, visionaries saw a big opportunity to make money.

66 ●「結局」

「結局」と言えば、まずafter allを思い浮かべる人が多い。実は、**after allには2つの異なる用法がある**ことをぜひ知っておこう。
まず1つ目の用法は、

- She wanted to come to the party, but she didn't have time *after all*.
「彼女はパーティに参加したかったが、**結局**時間はなかった」

のようなパターン。彼女が「パーティに参加したいと思っていた時点」と「時間がなくて行けなかった時点」には、明らかに時間的なズレがある。これは、**日本語の「結局」とほぼ同じ用法**である。なお、このafter allは、

「結局」

○ She wanted to come to the party, but she didn't have time *in the end*.

in the end と置き換えることが可能である。
　もう1つの用法は、

○ He can't fix this computer. He is *after all* not a computer expert.

のようなパターンである。これを「彼にはこのコンピュータは直せない。結局、彼はコンピュータの専門家ではない」と訳すのは、実は少し問題がある。この訳では、まるで「結局、あいつはパソコンに詳しいわけじゃないからねえ」と、まるで非難しているかのようなニュアンスになってしまう。
　しかし、英語のほうは「彼はこのパソコンを直せない。**だって**、専門家じゃないからね」と、単に「理由・根拠」を述べているだけなのである。
　after all は、このように「結局」（時間の流れがある場合）という意味になる場合と、単なる「根拠／理由」を示す用法になる場合があるのだ。この用法の after all の実際の用例を、ほかにもあげておこう。

○ She can sell the building if he wants. *After all*, it's her building.
「彼女は、彼が望めば、そのビルを売ることができる。**なぜなら**、それは彼女のビルだからだ」

○ Why are you surprised that everyone got drunk? It was a party *after all*.
「みんなが酔っぱらったからって、なぜ驚くの？　パーティだったんだから、**当然のことでしょ？**」

それでは、「結局」を含む日本語の文を、実際に英語にしてみよう。

「がんばった甲斐なく、**結局**クライアントに断られてしまった」

- *After all* our hard work, the client said no.
- We worked really hard, but the client said no *in the end*.
- *In spite of* our hard work, the client said no.
  * 〈after all ＋名詞〉は「……にもかかわらず」というニュアンスになる。

「近道を教えたが、**結局**彼は回り道をとった」
- I told him about a shortcut, but he took the long way *after all*.
- I told him about a shortcut, but he took the long way *in the end*.
- I gave him a shortcut, *but* he didn't listen to me.

「私に警告をしたが**結局**、損をしたのは彼のほうでした」
- He warned me, but *after all*, he was the one that lost money.
- He warned me, but *in the end* he was the one that lost money.
- He warned me, *but* he was the one that lost the money.

「ABC 社は奮闘したが、**結局**、その競争に打ち勝ったのは XYZ 社だった」
- *After all* the work that ABC did, XYZ won the contract *in the end*.
- ABC tried hard, *but* XYZ won the contract.

「最初はみんな反対したが、**結局**彼女の言うことは正しかったとわかった」
- Everyone disagreed with her at first, but she turned out to be right *after all*.
- Everyone disagreed with her at first, but she turned out to be right *in the end*.
- Everyone disagreed with her in the beginning, *but* that soon

changed.

「**結局**、人に感性を与えてくれるのは、経験です」
○ It's experience *after all* that results in perception.
○ Everyone knows that experience *results in* perception.

「私はいろいろな案を出したが、**結局**上司の言うとおりにした」
○ After all my suggestions, I *just* did what my boss told me to do.
○ I made suggestions, but *in the end* my boss just told me what to do.

「さんざん調査しましたが、**結局**、結論には達しませんでした」
○ After all the surveys, *we couldn't* reach a conclusion.
○ We did a lot of surveys, *but* no conclusion was reached.

67 ●「……の場合」

「……の場合」を英語で言おうとすると、いろいろな訳が考えられる。**in case... / in the case that... / In the case of... / if...** がその代表例である。**in case... / in the case that... / in the case of... は基本的に悪いことの場合に使われる**表現である。

in case は、in case a bad thing like...happens を省略した形だと考えるとわかりやすい。そのため、たとえば「結婚する場合は知らせてください」と言うつもりで、

△ In case you get married, let me know.
 (= In case a bad thing happens like you get married, let me know.)

と言ってしまうのは少しまずい。まるで結婚が「最悪の事態」だとでも考えているかのように思われてしまうからだ。この場合は、

○ *If* you get married, let me know.

にしたほうがいいだろう。
　下記のように、

○ *In case* you lose your passport, call me.
「万一パスポートを失くした**場合は**、電話をしてください」

○ *In case* it rains, take an umbrella.
「雨が降る**場合に**備えて（雨が降るといけないから）、傘を持って行きなさい」

一般に「悪い」と思われる状況に対して用いるのが自然な用法である。
　また、in the case that... は **in the (unusual) case that... が省略された形**である。悪いことに限定せず、「予想外のこと」に対して用いることができる。そのため、

「**もし**クライアントが電話をしてき**たら**、知らせてください」
△ *In the case that* a client calls, let me know.
(=○ *In the unusual case that* a client calls, let me know.)

というのは、少し不自然である。クライアントが電話をしてくることは、通例「予想外」の事態ではないはず。もちろん、このクライアントが滅多に電話しない人であるなら、問題なく用いられる。

「もし依頼が明確**でない場合は**、クライアントと話をしてください」
○ *In the (unusual) case that* the request is not clear, talk to the client.

「……の場合」

「もし報告書にカバーがなければ、付けておいてください」
○ *In the (unusual) case that* the report doesn't have a cover, attach one.

のように、「そのような事態にはならないとは思うが、もし万一なったとしたら……」というニュアンスなのである。

　in the case of... のあとには名詞が来るが、3通りの意味・用法があることを知っておこう。1つ目の用法は、"in the case of something terrible happening like..."、つまり「……のようなひどいことが起こった場合は……」というもの。

○ *In the case of* a fire, call this number immediately.
　「**万一**火事**になったら**、この番号にすぐ電話してください」

○ *In the case of* a robbery, push this button.
　「**万一**強盗に**遭ったら**、このボタンを押しなさい」

というような用法があるため、「もしパーティがあったら必ず招待してください」というつもりで、

　× In the case of a party, be sure to invite me.

と言ってはならない。「パーティなんていうおそろしいことが起こったら……」という意味になってしまうからだ。

　もう1つの in the case of... は、**ほかの「場合」との対比として用いられる「……の場合」**という意味の用法。つまり、「Aの場合は……、Bの場合は……」のように記述する場合に用いられるパターンである。

○ *In the case of* a quick response, I send this report. And *in the case of* a slow response, I send that report.
　「**もし**返答が早い**場合は**、この報告書を送ります。もし遅ければあの報告書を送ります」

○ *In the case of* Bill, he decided to retire early. And *in the case of* Mary, she decided to continue to work.
「ビル**の場合は**、早期退職を決めたが、メアリー**の場合は**仕事をつづけることにした」

さて、最後の in the case of... は、in the legal case of... つまり「……**の裁判では**」という意味である。

○ *In the case of* ABC versus XYZ, ABC won $2 million.
「ABC 社と XYZ 社**の裁判では**、ABC 社が 200 万ドルを勝ち取った」

○ *In the case of* Sony v. Universal, a major copyright issue was decided.
「ソニーとユニバーサル**の裁判では**、主要な著作権問題が決定した」

もっとも「一般的」、無難に用いることができるのが if... である。

○ *If* you lose your passport, call me.
「**もし**パスポートを失くし**たら**、私に電話をください」

○ *If* it rains, take an umbrella.
「**もし**雨が降っ**たら**、傘を持って行きなさい」

○ *If* the request is not clear, talk to the client.
「**もし**依頼が明確でない**場合は**、クライアントと話をしてください」

○ *If* the report doesn't have a cover, attach one.
「**もし**報告書にカバーがな**ければ**、付けておいてください」

○ *If* there's a fire, call this number immediately.
「**もし**火事**になったら**、この番号にすぐ電話をしてください」

「……の場合」

「最悪の事態の想定」や「万が一……」のような含みがないため、「冷静な判断」をしているような印象を与える。

なお、if構文を用いる場合、基本的にカンマの少ない文のほうがわかりやすいとされることもあり、動詞を文頭に置いて命令文の形にしたほうがよい。

◎ Call me *if* you lose your passport.
「パスポートを紛失**したら**、私に電話してください」

◎ Take an umbrella *if* it rains.
「雨が降っ**たら**、傘を持って行ってください」

◎ Talk to the client *if* the request isn't clear.
「**もし**依頼の内容がはっきりしていな**ければ**、クライアントと話してください」

◎ Attach a cover to the report *if* it doesn't have one.
「**もし**カバーが付いてい**なかったら**、レポートにカバーを付けてください」

◎ Call this number immediately *if* there's a fire.
「火事が起こっ**たら**、ただちにこの番号に電話してください」

◎ Push this button *if* there's a robbery.
「強盗が入っ**たら**、このボタンを押してください」

なお、if節は、こんなふうに表現することも可能である。

「あなたが遅刻をし**たら**、私が会社に電話をします」
○ If you're late, I'll call your office.
◎ *Come late*, and I'll call your office.
　*2番目の英文は、形の上では命令文だが、ネイティブがよく使う言い回し。「もし遅刻したら、会社に電話しますからね」という、軽い警告

になっている。

「場合」を含む日本語の文を、それぞれ英語にしてみよう。

「ABCの**場合は**人材育成に大きな力を注いでいます」
○ *In the case of* ABC, they are putting a lot of effort into human resource development.
○ ABC is focusing on employee training.

「この条項の1つでも守られない**場合には**、自動的に契約は解除になります」
○ *In case* you fail to adhere to even one clause, the contract will automatically be rendered null and void.
○ *In the case that* you don't adhere to every clause, the contract will automatically be nullified.
○ *If* you don't follow every clause, it's all over.
○ Make one mistake and the contract is finished.

「私が必要な**場合は**すぐに連絡をください」
○ *In case* you need me, call right away.
○ *In the case that* I can do something, call me.
○ Call me *if* I can do anything.

「ABC社の**場合は**、問題はなかった」
○ *In the case of* ABC, they didn't have any problems.
○ ABC didn't have any problems.
　＊「ABC社の場合は問題なかったが、DEF社には問題があった」のような、「対比」が行なわれる場合。

「交渉がうまく運ばなかった**場合**を想定しておいてください」
○ Think about what to do *in the case that* the negotiations fail.
○ Have a Plan B in mind *in case* the negotiations fail.

○ What will you do *if* the negotiations break down? Think about that.

「今回もクレームがおさまらなかった**場合**、もう１度私に相談してください」
○ *In the case that* the client's complaint can't be resolved, please consult with me again.
○ Talk to me again *if* the client doesn't calm down.

「顧客満足度の**場合は**、対面調査が必要だと思う」
○ *In the case of* customer satisfaction, I think you need to do an interview survey.
○ You need to do face-to-face interviews *for* customer satisfaction studies.

「返事がない**場合には**、法的な手段を取らざるをえない」
○ *In case* you fail to respond, we'll have no other choice but to take legal action.
○ *In the case that* you do not respond, we will be forced to take legal action.
○ Don't respond *if* you want us to sue you.

68 ●「要求」

「要求する」は日本語でも「強い言葉」であるが、英語のdemandはそれよりもさらに「強い言葉」だと考えたほうがいいだろう。

名詞のdemandは、supply and demand「需要と供給」のように使われる経済用語であり、こちらは「強さ」に関係なく、普通に使われる。なお、日本語の「需要と供給」と英語では順序が違うことは覚えておこう。

○ *Demand* for steel is increasing.
「鋼鉄の**需要**は高まっている」

経済用語以外での demand は、状況に応じて使い分けることが大切になる。たとえば、

○ If you don't meet my *demands*, your boss is going to swim with the fish.
「俺たちの**要求**を呑まなければ、お前らのボスは海で魚と共に泳ぐことになるぞ」

のような使い方もある。「誘拐されたボスの身代金を払わなければ、海へ投げ込むぞ」という明らかな脅迫であり、この demand は明らかに ransom「身代金」のことである。We will try to meet your demands. と言えば、「あなたの要求にしたがうよう努力をします」「なんとかして身代金は支払います」といった意味になる。このように、「需要」の意味ではない demand は、**非日常的で「穏やかではない」状況**で使われることが多い。

最初に述べたように、動詞の demand はかなり強い言葉である。

△ I *demand* that you finish this by 7:00.
「絶対7時までに終わらせ**なさい！**」

demand は「私は……が〜するように要求する」というかなり命令的な表現であり、通常ではなかなか使う表現ではない。なお、demand that... の構文の場合は、主節の時制が現在であろうと過去形であろうと、**that 節の動詞は必ず原形**になる。

○ The customer *demanded* that the last clause be deleted.
「クライアントは最終項を削除するように**要求した**」

○ Demonstrators *demanded* that the prime minister resign immediately.

「デモ隊は、総理大臣は即刻辞職せよと**要求した**」

○ Our boss *demanded* that we work overtime to finish the project.
「上司はプロジェクトを終了させるために、私たちに残業するように**要求した**」

この強さを回避するには、demand ではなく **request** を用いればよい。request は「妥当な要求」というイメージがあり、普通は問題なく使われる。

「あなたの**要求**に応えられるように努力します」
△ We will try to meet your *demands*.
○ We will try to meet your *requests*.

「7時までに終わらせる**ようにお願いします**」
△ I *demand* that you finish this by 7:00.
○ I'd like to *request* that you finish this by 7:00.

「ABC 社はあなたが明日中に支払う**ように言っています**」
△ ABC *demands* that you pay them tomorrow.
○ ABC *requests* that you pay them tomorrow.

最後に「要求」を含む、さまざまな日本語の文を、実際に英語にしてみよう。

「彼は無理な**要求**ばかりします」
○ He's always making impossible *requests*.
◎ He always has unreasonable *demands*.
　＊「無理な要求」の場合は demands のほうが適切である。

「労働組合は会社側に対して、機密文書の公開を**要求**した」
○ The union *requested* that the company disclose the confidential files.

◎ The union *demanded* that the company make the secret documents public.
　* この場合は、request では少し弱くなってしまう。

「ただちに私有地から退去するように**要求します**」
○ We *demand* that you get off this private property immediately.
○ Vacate this property immediately or face legal action.

「内**需**拡大が、わが国が唯一生き残る道だ」
○ Expanding domestic *demand* is the only way this country can survive.
○ Our future depends on expanding domestic *demand*.

「原告は政府による賠償金の支払いを**要求している**」
○ The plaintiff is *requesting* compensation from the government.
○ The accuser *wants* money from the government.

「社員は一律5パーセントの賃上げを**要求した**」
○ The employees are *demanding* an across-the-board five-percent wage hike.
○ The employees are *requesting* a uniform five-percent raise.
　*demand のほうは、「要求に応じなければストライキを起こす」ぐらいの勢いが感じられる。

「**要求する**ばかりでなく、義務をはたすことを学びなさい」
○ You need to learn to fulfill your duty and not just *make demands*.
○ Do your duty instead of just *making requests* all the time.

「情報の開示を**要求する**文書が出まわっている」

- A document *demanding* that the information be released is being passed around.
- *A request for* the information is going around.

「下請けは支払いを今週中に**要求している**」
- The subcontractor is *requesting* payment this week.
- The subcontractor is *demanding* payment this week.
  *request のほうが「できたらお願いしたい」、demand は「払わなければ訴える」というニュアンスが感じられる。

69 ●「経験」

　日本語の「経験」に相当する英語は experience であるが、2者の間には、意外なほどにズレがあることを知っておきたい。

The reward of suffering is *experience*.
「苦しみの代償は**経験**である」（アキレス）

Experience is not what happens to you. It is what you do with what happens to you.
「**経験**とは、あなたに起こったことではない。起こったことに対してあなたがしたことである」（オルダス・ハクスリー）

ほか、「経験」に関する世界の名言は数多くある。このように経験とは、**人生に直接関わり、人生とは分かちがたいもの**である。そのため、「人生や仕事に役立つ経験」「楽しく愉快な経験」「悲しみの経験」など、experience がカバーする範囲は幅広い。何かを少しずつ積み重ねていった結果が experience になるというイメージなのである。
　動詞の experience「経験する」は、「**一時的な貴重な経験**」に対して用いる

もの。そのため、「彼女は5年間のイギリス暮らしを経験した」を英語にする場合、

　　△ She *experienced* a five-year stay in England.

としてしまうのはあまり適切ではない。

　　○ She lived for five years in England.

のほうが正しい英文である。experience は「長期にわたること」や、「単に暮らした」ということとは合わない動詞なのである。experience は、以下のような場合に用いるのが適切である。

　　○ She *experienced* an exciting three-days in England.
　　　「彼女はイギリスでワクワクの3日間を**体験した**」

　　○ She *experienced* a wonderful time in England.
　　　「彼女はイギリスですばらしい時を**経験した**」

　　○ She *experienced* a mugging in England.
　　　「彼女はイギリスで路上強盗に**遭遇した**」

　名詞の experience は、単なる「経験」よりも、「**実務経験**」「**キャリア**」の意味合いが強い。

　　○ She lacks *experience*.
　　○ She's lacking in *experience*.
　　　「彼女は**経験**不足である」

　　○ I would like to cash in on my *experience*.
　　　「私は自分の**経験**を生かしたい」

○ His *experience* as a cook is helpful.
「彼のコックとしての**経験**は役立っている」

○ I'd like a job where I can use my computer *experience*.
「コンピュータの**経験**が生かせる職につきたい」

形容詞の experienced も、名詞の experience 同様、「**仕事の経験**」について用いることが多い。

○ She's an *experienced* engineer.
「彼女は**経験豊かな**エンジニアだ」

○ She's an *inexperienced* engineer.
「彼女は**経験の浅い**エンジニアだ」

ただし、女性に対して She's experienced. と言うと、「彼女は尻軽女だ」「経験豊富だ」という意味に取られる可能性もあるので注意しよう。

英語の experience はつねに「仕事」に対して用いられるわけではなく、以下のように、「**苦しい経験**」について用いることもある。

○ She *experienced* a difficult divorce.
「彼女はつらい離婚を**経験した**」

○ He *experienced* the loss of his wife.
「彼は妻の死を**経験した**」

また、「経験する」には、experience 以外にも、go through や undergo なども用いられる。特に「嫌な経験」の場合には experience の代わりに go through が使われる場合が多い。undergo も同じようにつらいことや嫌なことを経験する場合に使われるが、特に「大変な手術」に対して用いることが多い。

○ She *went through* a terrible divorce / operation / slump / ill-

ness.
「彼女は悲惨な離婚／手術／スランプ／病気を**経験した**」

○ He *underwent* a five-hour operation.
「彼は5時間におよぶ手術に**耐えた**」

○ He *underwent* a weight-loss surgery.
「彼女は減量手術を**受けた**」

○ He *underwent* a heart bypass operation.
「彼は心臓バイパス手術を**受けた**」

△ She *underwent* an appendix operation.
「彼女は盲腸の手術を**受けた**」
＊簡単な手術の場合には undergo はあまり合わない。

最後に「経験」を含むさまざまな日本語を、実際に英語にしてみよう。

「南米では**いろいろな経験**がありました」
○ He had *a lot of experiences* in South America.
○ He *experienced a lot of things* in South America.

「**エジプトでの経験**について話してください」
○ Tell us about *your experiences in Egypt*.
○ Tell us *what happened in Egypt*.

「**その経験**が彼の人生を変えた」
○ *That experience* changed his life.
○ He was never the same after *that experience*.

「彼は**経験の浅い**若輩者ですが、意欲に溢れています」
○ He's young and *doesn't have much experience*, but he's full

of desire.
○ He's young and *inexperienced*, but he has passion.

「この分野ではやはり**経験者**が必要になる」
○ I think we need *someone with experience* in this area.
○ This job requires experience.

「わが社は医療分野では**長年の経験**を有しています」
○ We have *many years of experience* in the medical field.
○ We've been in the medical field for over 20 years.

「彼は**経験が豊富**ですので雇いたいと思います」
○ He *has a lot of experience*, so I'd like to hire him.
○ I'd like to hire him for his experience.

「**未経験者**でも応募可」
○ *No experience* necessary.
○ Experience not required.

70 ●「状況」

　日本人は「状況」という表現をかなり多用している印象が強い。そして、この「状況」という日本語に対応する英語として想起されるのは、**situation** または **condition** だろう。まずは、この2つの単語のニュアンスの違いを確実に押さえるようにしたい。
　例を見てみよう。

「現在の**状況**を教えてください」
△ What's the current *condition*?

○ What's the current *situation*?

このように、situation は**広い意味での「状況」**を指し、condition は**何か具体的なものの「状態」**を指す。そのため、上記の2番目の英文のように、situation は「漠然」と「全体的な状況」を指すような場合にも使うことができる。
　一方、もう1つ例を見ておこう。

　　「現在の ABC 社の経済**状況**はどうなっていますか」
　　○ What's ABC's financial *condition*?
　　○ What's ABC's financial *situation*?

　この場合は、どちらも自然に用いることができる。**具体的な「経済状況」**について聞いているので、condition を用いることができるのだ。ただし、予想される返答は違うものになる。condition であれば、Pretty good.（なかなかいいですよ）や Not very good.（あまりよくないですね）といったシンプルな答えになるが、situation であれば、「今までの業績」や現在の「財務状況」を説明するような答えになる。要するに、condition は「具体性」を持っているため、「いいのか、悪いのか」という情報が求められていることが自明であるのに対し、situation は「漠然」としているため、答えるほうは文脈や状況から判断して、適切な情報を提供することになる。
　また、condition は、**「日常」に関わる「状況」「事情」**に対して用いられることも覚えておきたい。

　　「高齢者の生活**事情**は悪化しつづけている」
　　○ Living *conditions* of the elderly are getting worse.
　　× Living *situation* of the elderly are getting worse.

situation は**「一般的」「大規模」「漠然」**、condition は**「具体的」「小規模」**というイメージを、しっかりつかんでおきたい。
　なお、condition には、意外なニュアンスの用法がある。

　　○ He has a *condition*.

「状況」

「彼はなんらかの病気を抱えている」

これは一種の「婉曲用法」(euphemism)であり、sicknessやillnessなどのダイレクトな表現を用いずに、「**病気**」という意味を表わしている。How is your condition? と言ったら「健康状態はどうですか？」というよりも、「病気の具合はどうですか？」という意味になる。

situationにも、意外な意味があることを知っておこう。

○ He has a *situation*.
「彼はちょっとした悪い**状況**にいる」

形容詞を付けないsituationは、「**悪い状況**」という意味で使われることが多い。このsituationも、「病気」という意味のconditionと同様、婉曲的な表現であると考えてよい。

また、situationには「**一時性**」というニュアンスもある。以下の例文を比較してみよう。

「今は非常**事態**である」
△ This is an *emergency situation*.
○ This is an *emergency*.

「**犯罪**を目にした」
△ We saw a *crime situation*.
○ We saw a *crime*.

「戦争**状態**が激化している」
△ The war *situation* is heating up.
○ The war *is* heating up.

「わが社には対立**状態**がある」
△ There's a conflict *situation* in our company.
○ *There's* a conflict in our company.

たとえば emergency situation と emergency は、本質的に同じものを指している。そのため、situation という言葉を入れる必要はなく、**基本的には situation を使わない英文のほうが自然**である。しかし、ネイティブは situation を使うことによって、「一時的な」というニュアンスを込めることがある。emergency は「非常事態」という意味であるが、emergency situation は「一時的な非常事態」であり、**「それほど深刻ではない」という意味が暗に込められている**のである。

なお、以下の例のように、situation や condition を使わずに「状況」という意味を表わすことも可能である。

「現在の ABC 社の経済**状況**はどうなっていますか」
○ What's ABC's financial *condition*?
○ What's ABC's financial *situation*?
○ *How is ABC doing* financially?

「ABC 社の経済**状況**は改善しています」
○ ABC's financial *situation* is improving
○ *ABC is doing better* financially.

このように、do をうまく使うことがポイント。なお。How is ABC doing? だけでも、「ABC の業況はどうなっていますか？」という意味になる。

最後に「状況」を含むいろいろな日本語の文を、実際に英語にしてみよう。

「現在の**経済状況**では、輸出部門はかなり弱い」
○ In the current *economic situation*, the export area is very weak.
○ Our exports are weak *in this recession*.

「わが社の**財務状況**を考えれば、抜本的な見直しを図る必要がある」
○ Considering our *financial situation*, we need to take drastic action.
○ We need to take drastic action to improve our *financial situ-*

ation.

「わが社のHPへの**アクセス状況**をまとめてください」
○ Could you summarize the HP *access information* for us?
○ Could you give us a breakdown of our HP *hits*?
 *「状況」は、このように information を使って訳せる場合もある。2番目の英文の breakdown は「内訳」。

「今のところ、**状況証拠**しかない」
○ We currently only have *circumstantial evidence*.
○ *Circumstantial evidence* is all we have.
 *「物的証拠」は physical evidence。

「週に1度**進捗状況**を報告してください」
○ Could you give me a report on your *progress* once a week?
○ I need a weekly *progress* report.

「**このような状況では**、計画の中止も視野に入れる必要がある」
○ *Considering this situation*, we need to consider the possibility that the project will be canceled.
○ *This situation* might result in the project being canceled.

「悪天候により**運行状況**にかなりの乱れが出ている」
○ Because of bad weather, the *train situation* is in disarray.
○ The bad weather disrupted *train service*.
 *train situation だけで「運行状況」という意味を表わせる。

「行楽地の**混雑状況**の発表を待って、出発時間を決めよう」
○ Let's wait to hear the report on the *congestion situation* before we decide our departure time.
○ Let's get the *congestion* report before deciding what time to leave.

英語表現索引

- 見出し語の英語表現として集中的に論じられているものは、その該当ページを太字で記した。
- 本文中でイタリックになっているものを中心に拾った。
- 日本語表現で調べたいときは、「日本語表現索引」(262ページ) 参照。

A

a/an 4, 127
able → I'm able to; you are able to
about **2-5**, 54, **123-25**
abuse 148
access information 251
accident **178**, **180**, **182**
accomplish 40, 100, 203
accomplish a lot 100
accomplishments **203-204**
accountant 210
achieve 24, **39-40**
achievements **201-203**
a couple (of) **162-63**
action → take action
actively **12-13**, 146
activist 146
activity **144-46**
actually 152
ad 211
addition → in addition to
adequate 110
admire 225
advance 171, 217
advertising 71
a few **162-63**, 167, 175
(just) a few of many … 176
affect 71
after **25-27**, 32, **41-42**, 64, 230-33
after 〜 not 32
after all **230-33**
after work 64
ahead → move ahead
agree → can't agree
aggressive 24
a good 15
a good part of 15

a good portion of 15
a light meal 91
a little over 6
a little under 6
all 80-82, **165-66**
all employees 90
all kinds of 17
all right 22, 86
all started → it all started with
all the … 177
all the opinions 159
almost 7, **80-83**, 107
almost all 80-82
almost everything 81
almost sure 107
a long time 220-21
a lot → can do a lot
a lot of **13-14**, 119-20, 164-65, 223, 228, 246-47
also 77-78
always start with 26
amount **220-23**
amount of **220-23**
amounts 203
and **112-15**, 124
and now **124-25**
and older 8
… and other 〜 **174-77**
and so forth 174
and so on 175
and under 8
a number of 14
anything like 178
anytime before 33
a place of 146
apparent **135-37**
applicant(s) 211
approximately **2-5**
around **2-5**, 161

as a member of　200
a sense of fulfillment　102
ask ～ if　50
associate(s)　209
assure　**43-45**
at ... instead of ～　219
at least　10
atmosphere　63
attain　41
attempt new things　25
attend　199
at the beginning of　153

B

background　68
bad　119
barely　35
based on　69
basically　83, **169-70**
because (of)　25-26, **112-15**
become　214, 230
before　32, 172
beforehand　**171-72**
beginning → at the beginning of
be going to　142
besides (that)　**76-80**
best → best support possible; do one's best;
　Give it your best!
best support possible　103
be sure to ...　**49-50**
be sure ～　**49-50**
better　101, 186, 250
big　182, 209
big help　148
blessed with　55
boys　90
boys and girls　88
breakdown　251
breeze, a　120
bribery　179
bring in　198
busier than anyone else　136
business　98, 145, 157
busy　57
but　232-33

buy　195
by　**31-33**
by far　136

C

can　**33**, 102, 225
can do a lot　102
can't say yes　122
can't agree　122
carry out one's job(s)　99
case → in the case of; in the (unusual) case
　that
cause a lot of problems　120
centenarians　8
CEO　208
certain　214
certain number of, a　161
certified mail　39
challenge　**23-24**
challenging　24
chance　**53-55**
change one's life　182
check　**47-50**
check on　50
chronic　20
CIO　208
circumstantial evidence　251
citizens　128
civil servants　128
claim　19
clear → not clear for
clear understanding, a　75
clearly　136
clients　157
closely　69-70
close to　5
combo for women, a　91
come late　237
common　230
community　**212-15**
company　**59-60**, **62-64**, 98, 210
compete　199
complainer(s)　20
complaint　**19-20**
completion of the plan　52

compliment 19
comprehensive 103
concerning **123-26**
condition **247-50**
conduct an inquiry into ... 64-67
conduct a study on 64, 66
conduct a survey on 64, 66
confirm 48-49
congestion 251
connection [link] between ... and ~ 70
conserve 223
consultation → without any consultation
content **36-37**
contribute 212
cope (with) **28-29**
corporate culture 63
corporation **60, 64**
could **34-36**, 56
could live with 22
couldn't be more satisfied 21
coverage 46
covered 46
coworkers 63
crime 180, 182, 249
current **192-93**
currently **188-89, 191-92**

D

day 81, 156
deadline 33, 143
deal with **29-30**
decide 137
delay **217, 219**
demand **239-43**
demands → make demands
depend on 143
despite 75
details 38
devoted to 97
different 102, **158-60**, 165
different perspective, a 159
difficult 56, 119
diffuse **226-27**
diffusion 228-29
diplomatic relations 98

disagree (with) **120-22**
diversify 18
do 31, 97, 250
Don't be too hasty. 217
Don't do it in haste. 217
don't have the luxury of ... 156
do one's best 12
double-check 50
doubts → no one doubts
do well 229
down the road 43
drive ... into ~ 27

E

easily 120
easy 59
easygoing 63
economical 183
economic situation 250
ecstatic 120
edges of society, the 214
embezzlement 182
emergency/emergencies 177, 249
emissions 222
employee(s) 88, 90, **208-11**
energy 223
end → in the end
engaged in **97**
engineer 210
enjoy 100
enormous 220
enough **108-12**
enrich 101
ensure **43-45**
enter 200
enterprise **59-60**
entire **165-68**
entrepreneur(s) 61
etc. 173-74
event(s) **138-40**
everyone here 63
everything 81, 105-107
everywhere 228
evidence → circumstantial evidence
exceptions 170

exist 93
exorbitant 119
expect 106-108
expectations → meet one's expectations
expensive 119
experience(s) **243-47**
experienced 245

F

farmer 98
fascinating 119
fashion-related 69
fast 222
faster than expected 218
feel fulfilled 102
female students 90
fight 180
figure out 68
finally 36, 164
financially 250
financial situation 250
find out 72
fire fighter 89
first 151
fix 31
focus on **98-99**
for 239
for a full life 102
foresee 173
form 152
free 63
frequent 119
frigid 59
full 101-102, 207
fullfilment → a sense of fullfilment
full-time 210
fully 21
functions 102, 149

G

gender equality 200
get to 35
girls 90
gist 38

Give it your best! 151
give or take 7
give ~ one's word 46
give ~ what they want 22
goal(s) → reach our goals; reach this goal
goes 132, 134
going → was going to be; what's going on in the world
good → a good; a good part of; a good portion of
good thing 120
go through 245
go to work 156
grasp **71-75**
great 202-203
great deal 203
greater than 8
greater than or equal to 8
guarantee 46-47, 207
guy(s)/gal(s) 88
guys and girls 88

H

hammer open … 147
handle 30
happend → what happened
happening **138**
happy 120
hard **56-59**
hardly 83
harmony 215
harsh 57, 59
haste → Don't do it in haste.
hasty → Don't be too hasty.
have 20, 30, **95-96**, 150, 227-29
have a great time 100
have no claim on 19
have no doubt that 137
have no idea 75
have nothing to do with 70
have ~ on 99
have so much fun 100
have to 121-22, **140-42**
have trouble 121
he/she/they said 130-31, 134

he/she says **131**, **134**
head → use one's head
help → big help
helpful (, very/really) 120
help-wanted ad 211
higher (than) **7-9**
highly 21
his 128
his or her 90
hit 251
home-care 70, 98, 211
home helpers 211
(head) honcho 206
honor 56
honorific language 225
hope 55, 82, **103-108**
hopeful 82
hopefully **105-108**

I

if **233-34**, **236-39**
if everything [all] goes well **105-108**
if it is necessary 143
if that's what it takes 143
ignore 46, 188
I'm able to 33
implemented 229
impossible 82, 119
improve 101
in 6, **41-42**, 97-98
in ~ ways 165
in addition to 76
in advance **171**
in case **233-34**, **238-39**
in charge 206-207
in charge of 31, 157, **204-205**, 207
incident **178-83**
including 177
in-depth 38
inexperienced 245, 247
information 68, 251
in-house communication 211
in its strictest sense 85
in one's shoes 75
in principle **169-70**

inquiry **64-67**
in spite of 232
install 195
instead (of) 219
insure **43-45**
intense 57
interesting 119
Internet society[community], the 214
in the business of 98
in the (unusual) case that **233-35**, **238-39**
in the case of 233, **235-36**, **238-39**
in the end **231-33**
in these times 193
introduce **194-97**
investigate 66-67
involved in 98-99
in wide-spread use 228
isolated, the 215
it all started with 26, 140
IT article 69
IT-related 69

J

job 70, 99, 142, 157
join **198-200**
just 122, 157, 233

K

know 75, 137
knowledge 148

L

lacks substance 38
large 221, 223
large-size 221
latest fad (now), the 192
laurels 22, 203
leader 52
leak (out) 173
less 9
less than **7**
let's 185, 187
let's let 187

let's not   188
let's not let   188
level   228-29
life → change one's life
little → a little over; a little under
live a full life   101-102
live → could live with
long → a long time
longer   9, 218
look for   145
look forward to   107
look into   66-67
lose touch   75
lots of   14, 102
lower   8
lower than   **7, 9**
luxury → don't have the luxury of ...

M

maintain   75
make   20, 27, 41, **47-50**, 98, 137, 242
make demands   242
make it much easier for   204
make or break   137
make requests   242
make sense   122
make sure   **47-50**
make the most of ...   150
male/female   **87-88**
man/woman (men/women)   **87-91**
manager   207
many   **13-14**, 102
many ... such as ～   176
many years of experience   247
material   70
maximum   9
maybe   184, 186-88
meaningless   38
medical practice   61
meal → a light meal
meet   22, 28, 40, 119, 177
meet one's expectations   22
member → as a member of
men and women   91
men or women   91

mention   132-34
middle class   215
might get to be   55
minimum   9
mission   63
more   9-10
more or less   6
more than   4, **7, 9**
more than adequate   110-11
more than enough   **109, 111**
more than sufficient   110
most   **80-83**, 225, 230
mostly   81
move ahead   172
move back   **217, 219**
move up   **216-18**
much   100, 218, 220-21, 246
must   **140-41**

N

name → to name a few
national census   68
nearly   6
necessary   143
need to   **140-43**
neighborhood of, in the   6
new   210
no higher than   9
no longer than   9
no lower than   9
no one doubts   137
no one thought   82
not clear for   122
not do very   202
not the same   **158-60**
now   124-25, **188-93**, 228
nowadays   190, 192
number → a number of
numerous   14-15

O

obviously   137
occur   94
office   62-63, 157, 177

okay   22
older (than)   8-9
old group   128
on advertising   71
on and off   156
on business   157
once   43, 152
one   4, 122
one's job(s)   70, 99, 142, **157**
opinion(s)   159
opportunity   **53-56**
opposite   **120**
optimist   11
or   176
or higher   8
original   152-53
originally   **150-53**
or less   9
or lower   8
or more   9-10
or older   9
or so   6
or younger   9
our employees   211
over   **4**, 6, **8-9**, 126, 204-205, 222
own way   159

P

participants   200-201
participate   **198-200**
partner(s)   209
part of one's business   97
peaceful   215
penetration   228-29
people   **126-29**, 228
person   225
person in charge   206-207
perspective   159
physical evidence   250
place → a place of
plainly   137
plan   **51-52**
planning stage   52
pleased(, very)   22
plenty of   15, 102, 111, 128

politically active   129
poor   202
popular   192, 229-30
positive   10-11
position   123
positively   **10-11**
positive thinker   11
possibility   55
postpone   217, 219
practice   61, 102
preparations   172
prepared   172
pre-register   172
pressure   143
principle → in principle
procrastinated   216
procrastinate too much   216
procrastinate   218
productive   102
productive member(s) of society   213-15
progress   145, 251
project   **51-52**, 70
project data   70
project leader   52
project's activities   145
project team   52
promise   46
promote   **226-27**
propagate   **226-27**, **229**
proposal   **51-52**
publicity activities   146
put off   219

Q

quality   222
quantity   222
quicker   218
quite a few   167

R

reach   25, 40
reach our goals   40
reach this goal   25
realize   **39-40**

really **115-20**, 151
really/very difficult 119
really/very expensive 119
really/very frequent 119
really/very good thing 120
really/very happy 120
really/very interesting 119
really/very unfortunate 119
refer **195-97**
referral 197
regarding **123-26**
regardless of sex 91
-related → fashion-related; IT-related; work-related
related to **69-71**
republish 230
request 173, **241-43**
required 142-43
requirements 177
research department 67
recession 250
respect **223-25**
respectful **224-25**
responsibility 157, **204-207**, 214
responsible **205-206**
rest on one's laurels 22
restrictive 58
results 68, **201-202**
result in 233
results of the survey 68
rewarding 102
rigid 58
rigorous 57
road → down the road
roots 152
roughly 6
run 98

S

same → not the same
satisfactory 21
satisfied **21**
saturation 228-29
say **130-34**
scandal 181

scope 145
see 173
see if we can 24
see it that way 121
sell 145
sense 85, 122
separate 157
several **158**, **162-65**
severe **56-59**
sex 91
shoes → in one's shoes
short 222
shorter 218
should 153, **183-88**
sick 177
sit on one's laurels 203
situation **247-51**
small 221
small amount of, very 221
so 6, **112**, **114-17**
society **212-15**
solve 31
some 6, **127**, 160
something like 6
somewhere around 4
so much 100, 220
sooner 218
so ... that ～ **116-17**
spread **226-28**
staff **209**, **211**
stage 52
start → it all started with
start using 194-96
steps → take concrete steps
statement 63
stern 57
strict **56-59**
strictest 85
strictly 85-86
strictly speaking **83-85**
stringent 58
study **64**, **66**, **68**
submit a request 173
substance 38
sufficient 110-11
summary 38

sure **47-50**, 107-08
survey **64-66**, **68**

T

take action 30
take care of 31, 204
take concrete steps 30
take responsibility **206-207**
talk about **132-34**
team 52, 211
technical terms 87
technically (speaking) 86
tell ~ 134
tell ~ about 133, **194-95**, **197**
temp 211
temporary 211
terrible 20, 58, 182
text 38
thanks to 55
the 128-29, 167-68
their 90
there 92, 96
there is/there are **91-96**
these days 190-93
things, do 97
things like 177
this is called 87
those 129
thought → no one thought
tight 57
time → a long time
times → in these times
tip 46
today 156
to name a few 175
too 117, 119
too ~ to ... 117
tragedy 179, 182
tragic 119
train service 251
train situation 251
try (to) 12, 24
try new things 25

U

under → a little under
undergo 245-46
understand **71-75**, 122-23
understanding 74-75
understand one's position 123
unfortunate 119
units 222
until **31-32**
use **146-50**, 229
use one's head 149

V

valuable 120
various **16-18**
vary 18, 159
verify 50
very **115-20**

W

want 242
was 94
was going to be 152
way → in ~ ways; not think that's the right way; not think we should do it that way; see it that way
way to take [of taking] responsibility 207
we **62-63**, 211
we can 148
welfare 213-14
what's going on 193
what happened 139, 183, 246
what I do 156
what was in 38
what we're all about 152
when 28, 43
whenever 43
whole 165-68
whole lot of, a 167
wide-spread 227
will 107-108
with **25-26**, 149
within 43

without 75, 181
without any consultation 172
word → give ~ one's word
work 12, 30, 64, **153-57**, 209, 214
work → after work
workaholic(s) 63
workforce 201
work hard 12
work on 99, 155, 200
work out, workout 154-55
workplace 157

work-related 157
would **185-86**

Y

yes → can't say yes
you 90
you are able to 33
you'll see 96
younger (than) 9

日本語表現索引

- 見出し語になっているものは、ページ数を太字で記した。
- 本文中で太字になっているものを中心に拾った。
- それぞれに相当する英語表現は、基本的に同じページに出ている。
- 基本となる言い方、表現で拾った。たとえば本文中には「受けた」「なんとかして」「……に勤めて」と記されているが、それぞれ「受ける」「なんとかする」「勤める」の形で拾った。
- 英語表現を調べたいときは、「英語表現索引」（252 ページ）参照。

ア行

ああ……なっちゃった　189
IT 関連　69
明らかに　**135-37**
アクセス状況　251
焦っている　72
焦らないで　217
頭を使う　149
新しい経理担当者　210
新しいことにチャレンジする　25
あまり　13
あまりに　117
ある程度の　161
安心させる　44
いいかもね　186
いいですね　103
いいのですが　104
医院　61
いいんだけど　184
言う　**129-34**
イエスとは言えません　122
……以下、以下　2, **7-9**
……以外に　**76**
異議を申し立てる　23
いくつかの　**160-65**
　いくつかの場面で　165
……以上、以上　4, **7-10**
忙しい　116-17
いちばん尊敬する人　225
いっぱい　167
以内（に）　9, 42
……いるか、確認する　50
いろいろな　**16-17**
いろいろな（その、長年の）経験　246-47
言わないで　133

請け合う　44
受ける　246
促す　23
うまくいく　154
嬉しい（です）　103, 105, 107
運行状況　251
運動する　154
英語を話す人たち　129
エンジニア　210
横領事件　182
多くの　14-15
多くの……のほんの一部　176
遅らせる　**216-19**
男／女　**87-91**
およそ　**2-6**

カ行

（……）がある　**91-96**
会計士　210
外交に従事する　98
介護関連の職　70
介護スタッフ　211
介護に従事する　98
会社　**59-64**
会社の同僚　63
快速　222
……がいる　**93-95**
確実　11
確実なものにする　**43**
確認する　**47-50**
確保する　45
活動　**144-46**
　活動家　146
　活動状況　145
　活動的　146

索引

　　活動の場　146
　　活動範囲　145
かなりの　14-16
可能性　54-55
我慢する　28
から　26
関係　**68-71**
　　関係がない　70
簡単な背景を調べる　67
官僚と呼ばれる人たち　128
関連　**68-71**
機会　**53-56**
　　機会に恵まれる　55
企画（書）　**51-52**
　　企画書作り　52
　　企画の実行　52
　　企画の段階　52
　　企画リーダー　52
企業　**59-64**
　　起業家たち　61
　　起業している　61
きっかけ　**25-28**
厳しい　**56-59**
　　厳しい冷え込み　59
希望する　**103-06**
基本的には　**169-70**
旧グループに属す人々　128
強の　6
業務に従事する　99
業務の1つ　97
業務を行なう　97
ぎりぎりある（足りる）　109
グズグズしている　217-18
具体的な方策を取る　30
ぐらい（に、の）　3, 161
クレーマー　20
クレーム　**19-20**
加わる　199
契機　**25-27**
経験　**243-47**
　　経験者　247
　　経験する　244-46
　　経験の浅い　245-46
　　経験豊かな　245
敬語　225
経済状況　248, 250

経済的な事件　183
結局　**230-33**
喧嘩を売る（する）　23, 180
現在　**189-91**
厳密に　**83-86**
　　厳密に言うと　85
　　厳密に言うとそうではなく　85
権利　**19**
広告関連の　71
行動を取る　30
広報活動　145
国勢調査　68
国民　**127-28**
異なった角度　159
異なる　**158-60**
　　異なる意見　159
　　異なる道　159
……後に　**41-43**
この頃　**188-92**
このような状況　251
これで満足　22
これは……と呼ばれるものだ　87
……頃（には）　2, 6
混雑状況　251

サ行

最近　191
最高経営責任者　208
再度確認する　50
財務状況　250
探す　145
作品　154
昨今の　192-93
さまざまな　**16-18**
参画　200
参加者　200-201
参加する　**198-200**
賛成はできません　122
最善を尽くして　12
参入　200
自営業　210
事件　**178-83**
　　事故　178-81
仕事　**153-57**
　　仕事関係の友人　157

263

仕事内容　157
仕事に行く　156
仕事場　157
仕事は仕事と割り切る　157
事情　248
事前協議もない　171
事前に　**171-73**
　事前に準備を整える　172
　事前に届け出る　173
　事前申し込み　172
事態　249
したいのですが　108
実現させる　**39**
実績　**201-204**
(しなければ／やらなければ)ならない　140-42
シビア　58
事務所　61
社員　89, **208-11**
社会　**212-15**
　社会人　213
　社会でひとり立ちする　214
　社会の片隅　214
　社会の中で孤立している人　215
弱の　6
社の企業理念　63
従業員　**208-11**
　従業員間のコミュニケーション　211
　従業員募集の広告　211
従事者　99
従事する　**96-99**
充実化　101
充実感　102
充実した　**99-103**
自由な社風　63
十分な　**109-12**
　十分なこと　111
　十分にある　15, 109
十分満足してもらう　22
修理する　155
主張する　**19**
……しよう　185
紹介する　**194-97**
状況　**247-51**
状況証拠　251
状態　249

情報統括責任者　208
少量　221
女子　90
女性　88, 91
女性社員　88
女性向けの定食　91
調べる　47, 66
進捗状況　251
ずいぶん　14
(……より)少し前　2
進める前に　172
スタッフ　**208-11**
スピーチする　199
すべて(の)　168
すべての責任を取る　207
スムーズに　181
……するつもりだ　142
……する必要がある　**140-43**
　……する必要のない　143
……するべきだ　**183-88**
政界で活躍している人　129
請求　**19**
責任　**204-207**
　責任感がある　205
　責任感がある人　206
責任者　**204-208**
　責任の所在　207
　責任の取り方　207
　責任を引き受ける(持つ)　206-207
積極的に　**10-12**
生命保険に加入する　45
全体の　165
全部の　**165-68**
専門的に言えば　87
相当な　220
そこまで多くの　220
それと　76
それなりの社会的責任　214
それに　**76-79**
それにあと　174
それに、第一　79
尊敬　**223-25**
　尊敬できる　225
　尊敬に値する　225
　尊敬の念　225
　尊敬を一身に集める　225

存在する　93

タ行

対処する　**28-31**
大体　2, 6
大満足　22
大量に（の）　221-22
耐える　246
(高い) 普及率　228-29
多角化　18
たくさん（の）　**13-15**
確かなものになる　44
確かに　10
尋ねる　65
正しいやり方とは思えません　122
達成する　**39-41**
……たら　43
足りている　110
多量の　223
誰かに確認をとる　48-49
男子　90
男女　91
男女共同参画　200
男性　88, 91
男性社員　88
男性も女性も　91
違う　**158-59**
近く　5
チャレンジ（する）　**23-25**
チャンス　**53-56**
　　チャンスがあったら　56
ちゃんと　11
調査（する）　**64-68**
調査結果　68
　　調査中　67
　　調査部門　67
　　調査を行なう　65
挑戦　23
調和の取れた社会　215
使いはじめる　195
使う　**146-50**
　　使える　148
　　使われる　149
つかむ　72
ったら　132

努める　30
勤める　210
つらい　**56-57**
出来事　**138-40**
できた　**34-36**
できる　33
……（の裁判）では　236
転院する　196
どういたしまして　133
当節（流行りの）　190, 192-93
当然のことである　231
導入する　**194-97**
と思います　105-107
とても　**115-20**
　　とても嬉しい　120
　　とても惜しい　119
　　とても面白い　119
　　とても簡単に　120
　　とても参考に　120
　　とても高い　119
　　とても頻繁に　119
　　とても間に合わない　119

ナ行

……しないと　186
内容　**36-38**
　　内容が（の）ない　38
　　内容（骨子）　38
　　内容（詳細）　38
　　内容証明郵便　39
　　内容の濃い　38
　　内容物　38
　　内容（本文）　38
長い時間　221
中身　**36-37**
なぜなら　231
……など　**173-78**
　　など多くの　176
　　などさまざまな条件　177
　　などの……で　176
　　なども　178
……なので　**112-15**
何個か　162
なんとか（ようやく、やっと）できた　35-36
なんとかする　29

何度も　15
何人かの　160
にある　190
……に関して（は）　**123-25**
……に加えて　**76**
に従事することになる　99
に対してだけは　126
に対しましては　125
……については　124-25
……について話をされる　195
入会する　199
ネット社会　214
農業に従事する　98
……のおかげで……のチャンスがある　55
の経営に従事している　98
のせいだ　206
望む　**103-108**
……の場合　**233-39**

ハ行

把握する　**71-75**
排出量　222
派遣社員　211
発言する　198
早める　**216-17**
犯罪　180, 249
反対（意見）　23, **120-21**
販売（する）　145
飛行機事故　182
悲惨な事件　182
必要があれば　143
必要なこと　143
必要に迫られる　143
1つだけ気になる　122
1つの事件　182
人々　**126-28**
ひとまず満足　22
ひと休み　222
人を使う　149
広がる　227
広める　226-27
ファッション関係の　69
部下（たち）　209
普及　**226-30**
　　普及させる　227

普及する　229-30
無事　181
フルタイムの経理担当者　210
プロジェクト活動　145
プロジェクトチーム　52
プロジェクトに関連した資料　70
べきだと思う　188
べきではない　187-88
保険が支払われる　45
保険をかける　45
保証期間　46
保証書　46
保証する　**43-46**
ほど（の）　**4-6**
ほとんど　**80-83**
　　ほとんど期待できない　82
　　ほとんどの……　80-81
　　ほとんど不可能　82
ほぼ　**6-7**
本当のところは　86
本当は　86
ほんの少量の　221
本来（の）　**150-53**
　　本来の姿　152
　　本来の目的　152
　　本来は　87
　　本来持っていた　152

マ行

まあ満足する　22
まあ持っている　109
前倒しする　216, 218
前に　171
前もって　171
撒く　226
間違いない　10
……まで　**31-33**
……までに　**31-33**
間に合わなかった　35
まるまる　15
万一……たら　235
満足している　**21-22**
満足な出来　22
未経験者　247
未満　**7-9**

索引

民衆 128
民族 127
昔と違って 190
むずかしい **56**
めちゃくちゃ 116
も 5
……も……後も 43
もうすぐ **80**
もう少しで **80**
もし……たら 234
もし……なければ 237
もし……場合は 235
持っている 227
……もの 3
模様である 135
問題数が充実している 102
問題なく 181

ヤ行

約 **2-5**
厄介な 24
ゆうに 15
要求 **240-41**

要求する **19, 239-43**
ようだ 136
ように言う 241
ように思われる 136
予想より早まる 218

ラ行

理解できない 73
量 **220-23**
　量より質 222
例年より早まる 218

ワ行

賄賂事件 179
わが社 63
わが社の社是 63
わが社の従業員 211
わかりかねます 122
忘れないように……する 49-50
私だったら（なら） 185-86
私の仕事 157, 205
悪かったと認める 206

語法・文法項目索引

・重要な語法・文法について触れているページを記した。

婉曲用法　249
概算　2-4
書き言葉　117, 169
可算名詞　126-27, 160
仮定法　34, 56, 185
間接話法　130
疑問文　13
客観的　117, 130, 166-67, 179
句動詞　154-55
クリーシェ　26, 140
形容詞的用法　110
現在の「反実仮想」　34
現在分詞　138
口語的　2, 14, 76
肯定文　13-14
構文　44, 91, 96, 116-17, 228, 240
差別的な表現　89
時間的範囲　188
自動詞　159
重要度　77-78
主観的　167
主語　14, 49, 92-96, 126-27, 148, 185, 187
主節　240
受動態　82, 139
叙述用法　58, 110
「数学的」表現　7
正確な数字　2, 161
接頭辞　89

接尾辞　89, 129, 135
前置詞句　92
相互交換可能　33
中立的な表現　59, 88
直接目的語　44-45
直接話法　130
能動態　82, 139
話し言葉　169
反意語　121, 217
否定文　13
不可算名詞　15, 160, 220
不定冠詞　4, 92, 94, 96, 127
無性語　89
無生物主語構文　27
命令文　46, 49, 237
目的語　31, 49, 148-49

be 動詞の現在形　191
if 構文　237
if 節　185, 237
PC（Politically Correct：政治的に正しい）　88-89, 91
should ＋ have ＋ 過去分詞　184
so ＋ 形容詞（副詞）＋ that 節　116
that 節　116, 240
to 不定詞　49, 110
too ＋ 形容詞（副詞）＋ to 不定詞　117

●著者紹介●

デイビッド・セイン（David A. Thayne）

1959年アメリカ生まれ。カリフォルニア州アズサパシフィック大学（Azusa Pacific University）で、社会学修士号取得。証券会社勤務を経て、来日。日米会話学院、バベル翻訳外語学院などでの豊富な教授経験を活かし、現在までに80冊以上、累計200万部の著作を刊行してきた英語学習書のベストセラー著者。日本で25年以上におよぶ豊富な英語教授経験を持ち、これまで教えてきた日本人生徒数は数万人におよぶ。日本人にあった日本人のための英語マスター術を独自に研究・開発している。英会話学校経営、翻訳、英語書籍・教材制作などを行なうクリエーター集団AtoZ（www.atozenglish.jp）の代表も務める。書籍・雑誌の執筆・翻訳から、WWWコンテンツ制作まで、マルチに活躍中。

著書に、『英語ライティングルールブック――正しく伝えるための文法・語法・句読法』『英語ライティングワークブック増補版――正しく書くための文法・語法・句読法』（DHC）、『その英語、ネイティブにはこう聞こえます』（主婦の友社）、『その英語、ネイティブはカチンときます』（青春新書インテリジェンス）、『やり直し教養講座　英文法、ネイティブが教えるとこうなります』（NHK出版新書）、『出社してから帰るまで　ネイティブに伝わるビジネス英語700』（アスコム新書）ほか多数。

執筆協力：森田修・窪嶋優子（AtoZ）

編集協力・索引作成：杉山まどか
社内協力：高見沢紀子・望月羔子・菅田晶子・小倉宏子・三島知子

ネイティブが教える
英語の語法とライティング

English Usage and Writing for Advanced Learners

● 2011 年 7 月 25 日　初版発行 ●
● 2016 年 6 月 24 日　3 刷発行 ●

●著書●

デイビッド・セイン

Copyright © 2011 by AtoZ

発行者　●　関戸　雅男

発行所　●　株式会社　研究社
〒 102-8152　東京都千代田区富士見 2-11-3
電話　営業 03-3288-7777（代）　編集 03-3288-7711（代）
振替　00150-9-26710
http://www.kenkyusha.co.jp/

KENKYUSHA

装丁　●　久保　和正

組版・レイアウト　●　株式会社　インフォルム

印刷所　●　研究社印刷株式会社

ISBN 978-4-327-45240-7　C0082　　Printed in Japan

価格はカバーに表示してあります。
本書の無断複写（コピー）は著作権法上での例外を除き、禁じられています。
落丁本、乱丁本はお取り替え致します。
ただし、古書店で購入したものについてはお取り替えできません。